大家美育课

博物馆寻美

叶 朗 顾春芳
—主编—

译林出版社

主编序

叶　朗　顾春芳

我们的时代对人才的培养提出了更高的要求。

习近平总书记在一次座谈会上引用了恩格斯的一段话。恩格斯说，文艺复兴是“一个需要巨人而且产生了巨人——在思维能力、热情和性格方面，在多才多艺和学识渊博方面的巨人的时代”。[1]恩格斯的这句话对我们当今的人才培养非常有启发。我们谈人才，一般只重视知识的灌输、技能的训练，而忽视心灵的教化和人格的培养，不注重引导青少年去寻求人生的意义和价值。而恩格斯谈人才，首先是说“思维能力”，接着说“热情和性格”，然后是“多才多艺和学识渊博”，这就对我们的人才培养提出了极高的要求，同时也使我们的眼光从专业知识和技能的遮蔽中解放出来。

21世纪的人才培养，要注重精神、性格、胸襟、涵养等方面的要求。我们需要的人才，应该有着高尚的人格、完满的人性、审美的心

---

1 《习近平在文艺工作座谈会上的讲话》，载《人民日报》2015年10月15日02版。

胸、良好的修养，是身心和谐、全面发展的人。这样的人才，不仅具有高层次的想象力和创造力，而且具有广阔的眼界和胸襟，致力于追求一种更有意义、更有价值和更有情趣的人生，致力于追求人生的神圣价值。

美育是灵性的教育，不是技能的教育。康德认为审美可以把人从各种现实的功利束缚中解放出来，成为一个真正的人。席勒继承和发展了康德的思想，他进一步认为只有“审美的人”才是“自由的人”“完全的人”。法兰克福学派把艺术的救赎与反对“异化”、反对“单向度的人”以及人对自我解放的追求更加紧密地联系在一起。海德格尔更是倡导人要回到具体的生活世界，“诗意地栖居”在大地上，回到一种“本真状态”，达到“澄明之境”，从而领悟万物一体的智慧。

一个真正有审美意识的人，一个伟大的诗人，都是最真挚的人，审美意识使他们成为最高尚、最正直、最道德、最自由的人。个人自由的实质，就是如何一步一步超越外在束缚、提升精神境界的问题。如果每个人的精神境界都逐步得到了提高，整个社会的自由度也必将得到提升。马克思在《共产党宣言》中说，更美好的世界，“将是这样一个联合体，在那里，每个人的自由发展是一切人的自由发展的条件”。[1]可见，个人境界的提高，不仅仅是个人的问题，也关涉整个社会的发展。

美育是给人希望和意义的教育。美育不只是教人知识，更是要教人生活，体验人生的意义和价值，提升人在审美中超越有限把握整体的能力，涵养高尚的心灵和行为，培养超凡脱俗的精神气质。这既

1 《马克思恩格斯选集》，中共中央马克思恩格斯列宁斯大林著作编译局编译，人民出版社1995年版，第294页。

是审美的培育，也是德性的培育。唯有美的感悟，才能变换人的心地，变换心地才能变换气格，变换气格才能提升境界。从这个角度来说，美育和人文艺术教育对人才培养有着非常重要的作用。

中华美育精神把塑造"心灵美"放在首位。美育的内涵，应该超出知识的传授和技能的传授，它的目标是引发心灵的自由和创造，引发心灵的净化和升华，养成和谐的人格和完满的人性。这就是孔子说的"诗可以兴"。"兴"，按照王夫之的阐释，就是生命力和创造力的勃发，就是灵魂的觉醒，就是对人的精神从总体上产生一种感发、激励和升华的作用，使人成为一个有志气、有见识、有作为的人，一个心胸广阔、朝气蓬勃的人，从而上升到豪杰、圣贤的境界。心灵美、精神美，本质上是一种爱，是对生命的爱，对人生的爱，对父母师长的爱，对花鸟草木的爱，对祖国山河、人类文化、宇宙万物的爱。这种爱，造就了精神的崇高。

美育是立德树人的重要载体。它通过审美的和艺术的方式引领青少年弘扬社会主义核心价值观，引导他们树立正确的历史观、民族观、国家观、文化观，增强文化自觉，坚定文化自信，陶冶高尚情操，塑造美好心灵，为青少年的人生打下一个美好的底子。美育应该立足于传承中华优秀文化传统，植根于中华文化和人类文化的丰富土壤。美育应该突出经典教育，在教学中注重介绍文化经典和艺术大师。弗·梅林在《马克思传》中引用拉法格的话说，马克思"始终是古希腊作家的忠实的读者，而他恨不得把当时的那些教唆工人去反对古典文化的卑鄙小人挥鞭赶出学术的殿堂"。[1]我们要传承马克思主义

1 [德国] 弗·梅林：《马克思传》，樊集、持平译，人民出版社1965年版，第622页。

创始人的思想传统,使我们的青少年阅读经典、熟悉经典、欣赏经典、热爱经典。经典的作用不可替代,经典的地位不可动摇。

国家建设和社会发展要求我们全面加强和改进学校美育,坚持以美育人、以文化人,提高学生审美和人文素养。美育的功能重新定义了21世纪人才的内涵。随着电子工业、信息技术、传媒娱乐、生物工程、文化产业等新经济形态的迅猛发展,需要源源不断地为新的产业输送心智活泼、具有高度创造力的人才。世界范围内,凡是需要创造性地解决问题的领域,均需要提高人的文化修养和美学修养。爱因斯坦曾指出,科学的最高发现往往不是依靠逻辑,而是依靠直觉和想象力。这种直觉和想象力就来源于审美的性灵中合乎自然的心理秩序和合乎造化的宇宙体悟。个人境界的提高不仅仅是个人和社会的问题,也关涉整个国民素质的发展以及国家的未来。我们编写这套丛书的目标是推动美育的改革与提升,以心灵教育、人生教育、人格教育为核心,培养健康的审美趣味,提升人生的境界。

这套大学美育课程和配套读物的建设前后历时七年,倾注了许多一流学者的心血,突出了心灵教育、人格教育、人生教育,突出了中华文化教育,突出了艺术经典教育,突出了美育的实践性、创造性、体验性,突出了提升人生境界的目标,融汇了全面发展的教育目标。我们倡导开放性、沉浸式和实践性相结合的教学模式。为了进一步推动东西部学校教育资源的公平,这套丛书的内容采取同步共享优质在线课堂资源的方式,在互联网平台共享美育的实践和成果。希望这套丛书可以为青少年提供充盈的精神滋养,培养他们的精神品格、道德修养、思想境界、审美水平和创造能力,培养德智体美劳全面发展的社会主义建设者和接班人。

目 录

第 一 章　卢浮宫博物馆 / 丁 宁 ...001

第 二 章　奥赛博物馆 / 丁 宁 ...028

第 三 章　大英博物馆 / 王 加 ...045

第 四 章　英国国家美术馆 / 王 加 ...063

第 五 章　梵蒂冈博物馆 / 王 加 ...076

第 六 章　乌菲齐美术馆 / 王 加 ...088

第 七 章　普拉多博物馆 / 孙 晶 ...101

第 八 章　艾尔米塔什博物馆 / 丁 宁 ...119

第 九 章　慕尼黑巴伐利亚绘画陈列馆 / 王 加 ...129

第 十 章　维也纳艺术史博物馆 / 王 加 ...143

第十一章　大都会艺术博物馆 / 张 敢 ...157

第一章　卢浮宫博物馆

丁　宁
北京大学艺术学院教授

一、卢浮宫博物馆概况

卢浮宫博物馆闻名遐迩，是世界上最著名的博物馆之一，同时也是参观人数最多的博物馆之一。

卢浮宫博物馆的展览面积约7.3万平方米，在整个展厅内部，观众能参观到约3.5万件艺术作品。卢浮宫总藏品量为40多万件，这也就意味着，实际展出量仅占收藏总量的百分之十。尽管只有约3.5万件作品展览，但全程参观路线长达15公里，想在一天时间内全部参观几乎是不可能的。曾经有人计算过，如果一件作品参观时间为1分钟，每天不间断参观8个小时，大约需要两个多月才能全部看完。这也从侧面印证了卢浮宫博物馆的面积庞大及藏品量惊人。这样巨大的博物馆仅参观一次是远远不够的，往往需要两次、三次，甚至是无数次。

卢浮宫博物馆于1793年，即法国大革命期间向民众开放，成为真正意义上的公共博物馆。当时的馆长是著名的新古典主义大师雅克·路易·大卫。不过当时展出的规模远不及今天,绘画作品仅500多件,其他的艺术品也仅有180多件。

时至今日,参观卢浮宫博物馆的日平均人数不少于1.5万人。2018年全年参观统计数据甚至达到了1020万人次。预计到2025年,卢浮宫博物馆的参观人次将会远高于现在的参观统计数据。卢浮宫的参观人次正在以非常快的速度逐年增加。如何合理地让每一名游客都有良好的参观体验,就成了一个关键性问题。

贝聿铭先生1981年为卢浮宫设计的玻璃金字塔,目的就是要解决当时的一个重要问题,即如何合理地对拥入卢浮宫博物馆的观众进行分流。当时,卢浮宫每年的预计参观人数是450万,但今天这个数字已经成倍增长,可见卢浮宫博物馆的参观人数之多、增加之快。在卢浮宫,你既可以欣赏到富丽堂皇的阿波罗画廊,也可以参观到欧洲最长的画廊——大画廊。大画廊的主要艺术作品大多为意大利的绘画作品,非常精彩。同时,也可以看到法国大型绘画的展厅,这同样也是一个非常精彩、值得参观的展厅。

正如上文所说,这些展出的作品只是卢浮宫藏品中的一小部分。如此种类繁多的艺术作品,想在有限的时间内尽可能多地了解的话,势必要有轻重缓急。在此先介绍大众非常熟知的三件艺术作品。

第一件作品是文艺复兴时期的画家达·芬奇的名作,肖像画《蒙娜丽莎》。这是卢浮宫最重要的一件藏品,反映了文艺复兴时期人们对于女性美的审美理念和审美追求,不容错过;第二件是古希腊、希腊化时代的雕塑杰作,即《萨莫色雷斯的胜利女神》,虽然部分残缺,但我们依然可以从保存完好的躯干中,感受到女神英勇、飘逸的气势；第三件是依然来自古希腊时代的雕塑杰作《米洛斯的维纳斯》，它一直是世界上最负盛名的雕像之一，艺术魅力永恒无限。这三件作品并称为卢浮宫的"镇馆三宝"，可见它们的分量之重、所受喜爱之深。

二、《萨莫色雷斯的胜利女神》《米洛斯的维纳斯》等雕像

（一）《萨莫色雷斯的胜利女神》

《萨莫色雷斯的胜利女神》（以下简称为《胜利女神》）雕像在1863年4月15日为法国外交官查尔斯·尚帕佐（Charles Champoiseau）所发现。他是一个考古爱好者，有一次在土耳其的海岛上参加考古工作时，突然发现地面上一块隆起的石头，经挖掘发现是一个巨大雕像的躯干部分；随即又发现雕像躯干附近一些散落的、来自"胜利女神"的服饰和翅膀的残片；在当时还发现一块巨大的灰色大理石，这个大理石就是我们今天在卢浮宫内看到的船头部分。

雕像在被发现后便被运到了卢浮宫博物馆，在这里它经历了非常漫长的修复过程。由于缺失了很多东西，当时人们觉得修复的难度很大，尤其是女神的翅膀——只有左边部分，没有人知道右边的翅膀到底是什么样子。经过一段时间的修复后，它于1879年被第一次展出。通过老照片我们可以发现，当时的它与今天在卢浮宫内所呈现的有很大差别。那是因为1879年后，修复工作又一点一点地重新展开。随着研究的深入，右边的翅膀逐渐被修补完整，并且左侧胸部的缺失部分也被一并修补。经过长时间的修补，它也就变成了我们

今天所看到的样子——一个女神的形象。

这座雕像的体量非常惊人，高度约为2.44米，比一个成年人还要高，可见当时选用的大理石石料体量会更庞大。

在公元前200年左右，人们还没有机械化采石的工具，也没有机械化运输的工具，要采集并运输一块能做如此大体量雕塑的石料，很难想象他们是如何做到的。但这些都不是重要的，最重要的在于艺术家在雕塑上面倾注的热情，使其变成了美的范本，流传千古。《胜利女神》雕像的美就在于它仿佛从天而降，屹立在战船的船首，欢呼一场来之不易的海战胜利。它的肢体仿佛处在一种动态当中，翅膀好像在维持平衡一般，而这种动态通过翅膀展现得更加明显。尤其精彩的是将视角转移到海风吹来的角度——身体的正面时，薄薄的衣裙贴到身体表面，仿佛真的有潮湿的海风吹过一样。

这一座非常典型的希腊雕塑所呈现出的身体姿态非常优美。正因为它处于动态而非静态，它才把人体最美的状态展现得淋漓尽致，也使得这件雕像成了一座几乎不可能超越的高峰。虽然现在人们已经没有办法再恢复其他部分，但是我们依然可以通过大量的历史文献和记载去想象和欣赏完整的胜利女神的模样。在参考古代钱币后我们可以发现，她的右手高举号角，以从天而降的姿态，在动态的平衡中吹响胜利的乐章，这就是真正的胜利女神应当表现出的那种生动形象。

值得一提的是，这座雕像在2013年到2014年期间进行了一次清洗，我们可以看到它在清洗前后有非常巨大的变化。首先，船和雕像之间一块巨大的垫脚石被移除。这块垫脚石实际上是在19世纪时后加上去的，但并没有太多的依据证明这块垫脚石是《胜利女神》的一部分。所以在2013年到2014年进行清洗的时候，专家们决定将其去掉。去掉后船与雕像之间那种整体感显得更加完美。

专家们在清洗的过程中惊讶地发现在胜利女神脖子上还有几缕头发的刻痕。换句话说，《胜利女神》在雕塑时极致追求细节，尤为细腻，哪怕如今我们看不到它的头部。同时专家们还在左边翅膀的内缝中及衣服的边缘处发现残留的蓝色痕迹，这是一个极其令人兴奋的发现。

之所以这样说，是因为在古代，蓝色非常罕见。蓝色颜料的昂贵是众人皆知的，而2 000多年以前的古希腊，找到和使用蓝色颜料更是一个非常艰难的事情，因为受限于当时生产技术和条件，蓝色颜料产量少且价格昂贵。在古希腊时期蓝色颜料主要来源是一种名为青金石的矿物，将其碾碎后可获得蓝色颜料，据说只有在如今阿富汗境内的区域才能找到这种矿物。使用象征海洋的蓝色去装点站在战船上的胜利女神形象，一定非常出彩。我们可以面对这样残缺的雕像进行无限遐想：完整的、彩色的它将是多么完美的形象。

观众接近雕塑时会有非常震撼的感受。博物馆把它放在一个高台阶上，当你拾级而上，慢慢地接近雕像时，会由衷地感慨它的美。电影明星赫本甚至曾经在雕像前激动地翩翩起舞，模仿胜利女神的样子。这是对女神的一种礼赞、一种高度欣赏。

今天人们可以从任何一个角度来欣赏它。当你在正面欣赏时，看到的是风吹到女神身体上，使衣服紧贴着身体；当换到侧面欣赏时，我们会感慨女神两个翅膀的处理难度之大。如果翅膀塑造得太小，就不能显示她从天而降的那种轻盈感，但如果塑造得太大则可能会喧宾夺主，破坏人物中间部分的造型美感。现在我们能看到的翅膀，虽然其中一个是后期修复的，但是依然保持了最初的大小比例。这样大小的翅膀、这样的角度几乎是无可挑剔的。

如果有人跑到背面，会发现背后被海风吹起来的衣裙，特别能够显现出雕像的动态美。可以说《胜利女神》实现了古希腊时期雕像艺术家最高的理想，即雕像从任何一个角度看都应该是一种美。它无愧于这样理想的美，甚至对如今的各类艺术载体都有着深远影响。现今在各类艺术形象表现，如电影海报中，我们经常可以看到胜利女神和号角一起出现。有人猜测雕像原本的位置可能是在某个悬崖边，所以它的高度或许应该更高，也就意味着人们仰望的角度会变得更高，但哪怕仰望的角度降低也不能掩盖雕塑所表现出的勇气。由此可见《胜利女神》雕像几乎会与周边环境的一切和谐地融为一体。这样极致的美，让人赞叹不已。

（二）《米洛斯的维纳斯》

接下来要介绍的第二件艺术品就是大家熟知的《米洛斯维纳斯》，它是1820年4月8日在米洛斯岛上被发现的。

当时在一个古代废墟中，一名农夫偶然发现了一部分雕像。农夫挖了一部分后又把它埋回土里，准备召集更多的人来帮忙挖掘。一名法国军官恰巧在附近，当他得知这个消息后立刻联系了另一名军官。于是这两名军官迅速与农夫交易，随后将断成两截的雕像运回到法国。我们今天所看到的雕塑是一个残缺的形象。它的双臂缺失，基座也缺少了一部分。尽管残缺，但它依然吸引世界各地无数的观众不远万里来到卢浮宫一饱眼福。

雕像的姿态是自由站立的。维纳斯，代表爱与美的女神，通过雕塑呈现出一种非常放松的神态。它的身体重心落在右腿上，左腿则轻轻抬起来，身体向左侧微微地侧转，右肩稍稍下沉。它的头也侧向一边，整个身体非常完美自然地呈现出来。

《米洛斯的维纳斯》实际在很大程度上把希腊时期所形成的雕塑的理想美推到了顶峰。所以在卢浮宫内，《米洛斯的维纳斯》雕像前经常人头攒动。人们也会有意识地从更多的角度去欣赏它的美，无论正面、侧面，还是背面，都会让人觉得美到了极点。

《米洛斯的维纳斯》作为卢浮宫最珍贵的藏品之一，曾经在1964年东京奥运会举办期间，运往东京进行展览，为当届奥运会增添了与众不同的光彩。尽管在今天我们很难再让像《米洛斯的维纳斯》这样珍贵的雕塑走出卢浮宫，但是我们依然可以通过图片或现场欣赏，感受到雕塑所展现出的那种值得我们反复品味、反复观摩的美，那是一种几乎触碰人类艺术巅峰极限水平的美。

时至今日，我们可以观察到《米洛斯的维纳斯》给众多艺术家带来的启发和灵感。比如法国的现代雕塑家阿曼，曾经以《米洛斯的维纳斯》作为范本进行雕塑创作，虽然在创作期间，他对作品进行类似立体主义的处理，将雕像分解，但是依然能够依稀看出，作品的灵感来自《米洛斯的维纳斯》。

在巴黎的卢森堡公园内，我们可以看到一件关于爱情的古代雕塑，叫美第奇雕塑。雕塑前面有一片很漂亮的水面。巴黎市政府曾经希望这个地方有一件现代的雕塑，能够跟古代的雕塑遥相呼应。

有很多艺术家纷纷前来应征，其中有一名来自瑞典的女艺术家创作了一个非常特别的作品，名为《爱的一部分》。是用一块泡沫塑料做出人脸的一部分，然后给它涂上颜色，再放到水面上。泡沫塑料浮在水上，所以当微风吹来时，这个现代雕像仿佛会呼吸一般，仿佛真的是人体的一部分，非常惊艳。

其实如果我们深入地去看这个雕像，会发现它的灵感来源就是《米洛斯的维纳斯》，是《米洛斯的维纳斯》形象中头部这部分的局部放大和处理。

所以从某种意义上来说，《米洛斯的维纳斯》是后辈艺术家取之不尽的灵感来源。她是一个美的顶峰，是美的一个参照范本，所以至今卢浮宫内这个雕像面前永远有无数的观众，仿佛它是一个超级明星，光芒四射。

（三）女性裸体雕像的由来

《米洛斯的维纳斯》跟上文介绍的《萨莫色雷斯的胜利女神》，它们的美都令人惊叹。但它们的美来自哪里？换句话说，在两个雕像的背后，我们可以追寻到怎样的美的观念？是什么样的美的观念造就了这样唯美的形象？在这里要提到一个非常特别的作品，就是《尼多斯的阿佛洛狄忒》。

《尼多斯的阿佛洛狄忒》现收藏于梵蒂冈。我们今天能看到的这件作品已经不是希腊时期的原作，它是罗马人的复制品。鉴于罗马人对希腊文化的崇拜，我们也许可以相信罗马人对古希腊雕像的复制有着很高的还原度，而当我们看到这个雕像的时候，我们确实会赞叹这件雕像的美。

为什么要提到这个雕像？原因就在于正是这座雕像奠定了后来的希腊雕塑之美的典范，它具有划时代的意义。雕像为什么是裸体的？这个问题也许我们不太会想到。在西方博物馆参观的时候，裸体的形象比比皆是，但是《尼多斯的阿佛洛狄忒》是希腊艺术史上第一件展现人体美，尤其是女性人体美的杰出作品，所以它具有非常重要的意义。

它是第一座全裸女体雕像。为什么在这个时候会出现这样一座雕塑？这与古希腊人对于性别的认识有非常大的关系。希腊人非常赞美裸体，比如为我们所熟知的奥运会，事实上在古代也是一个裸体运动会，所有的运动员都是裸体的，而且他们还会在身上涂上橄榄油来突出肌肉线条。这样做的目的是取悦在天上观看的众神。

运动员的裸体行为仅仅限于男性。换句话说女性是不可以裸体参加运动会的，女性甚至无法在观众席上占有一席之地。所有的运动员，所有的观众都是男性，如果女性混到观众席上去看裸体的男性运动员，一旦被发现就会受到非常严厉的处罚。帕萨尼亚斯的《希腊游记》里曾记载，一旦有女性这么做，她会面临非常严厉的惩罚——被推到悬崖下活活摔死。

女性的裸体雕像为何会出现？这就要提到一个非常重要的故事。在古希腊时期有一个非常盛大的节日，叫作"泛雅典娜节"。在节日的当天，人们会在雅典举行狂欢游行，他们走同一条路线，这条路线会穿过古代的雅典城，一直走到雅典最高位置的所在地——雅典的卫城。卫城上有一个非常重要的建筑物叫作帕台农神庙，是献给雅典的保护神雅典娜的。

据说在游行当中，曾经出现过一个非常美丽的雅典少女，她的名字叫芙琳娜，她长得非常美。在游行的队伍中，众人的目光都会集中在她身上，并且她的耳边永远是一片赞美声。正是这个女孩子在参加完泛雅典娜节的游行后，在众人的一片赞美声中，走到了不远处的大海边上，并脱下所有衣服，跳到大海里裸泳。这件事情在当时引起了轩然大波，因为女性是不可以在公共场合裸露自己的身体的，最后法庭传唤了她，要对她进行判决。

据传她当时去法庭的时候，身后有一位非常强大的辩护人，是当年希腊知名的辩论家。他的口才极好，口若悬河、滔滔不绝，一般人很难跟他辩论，所以有他做辩护人，这场官司也许胜券在握。但是当这位辩论家来到雅典的法庭时，他惊呆了，因为这个案子实在太特别：一位女性在公众场合裸露自己的身体而被判罪，这是从未有过的。所以所有的陪审团成员都到了现场，要看看这个审判会如何进行。当看到所有的陪审团成员都在场时，这位辩论家内心充满了惶恐，因为他知道今天在座的人中有他的前辈，甚至有他的老师。所以他并没有把握自己能否在辩护的时候稳操胜券。于是他当时就做了一个让大家都感到意外的决定：把芙琳娜身上的衣裙挑起来，让这位少女赤身裸体地站在法庭中央。当时的现场一片哗然，从来没有人在法庭上裸露身体，况且这一次裸露身体的人是一位非常美的少女。

就在这时，陪审团成员的反应大致分为两种，一种反应是认为这位少女真的不是一般的美，她美得非同寻常。这种美也许只有神的意志才能创造，换句话说这位少女的美是神的意志的体现。那么如果说这种美是由神的意志所决定的话，判她有罪是不是在一定程度上就会得罪众神？众神会不会因此惩罚他们？所以紧接着的第二个反应就是应该判她无罪。从这个故事中，我们可以看到一个非常令人惊讶的观念，即一种美如果到了极致，法律的判决都会给它让路，甚至连道德判断也要让路。这说明了什么？说明最高的美应该是通行无阻的，它高于一切。

当艺术家在接受委托，要雕刻一个爱与美的女神雕像时，虽然委托方没有说明雕像应该裸体还是着衣，但正是因为有这样一个生动的故事，他就毅然决然地把它雕刻成一座裸体雕像。当时委托方是科斯城邦，这个城邦的人从来没见过女性的裸体雕像，所以非常犹豫，最后果不其然拒绝接收这样的雕像。在被科斯城邦拒绝后，雕像被另外一个城邦接走，这个城邦叫作尼多斯，现在位于土耳其境内，它本是一个很小的地方，可就因为接收了古希腊第一件体现女性人体美的雕像而闻名遐迩，如今成为重要的历史文化所在地。

据说雕像放在海边时，吸引了无数的观众，因为大家都没有看过女性裸体雕像。这个情形使得当时发起委托的科斯城邦非常嫉妒，他们派人去请求将这个雕像带回到自己的城邦，并表示愿意为此付出更高的价格。但尼多斯人并没有答应，他们认为美是无价的，是无法用金钱衡量的。当时的科斯城邦国王亲自去谈判，而且提出了非常诱人的条件，比如在昂贵的黄金贸易中免除对方的税赋，但还是没能说服尼多斯人。由于它存放在尼多斯，这件雕像今天就叫作《尼多斯的阿佛洛狄忒》。

这个雕像有何特别之处？它呈现出来的是一个非常自由、放松站立的形象，身体的重心落在比较有力量的右腿上，左腿微微抬起，身体有一个侧转，肩膀一高一低，头侧到一边，是一个非常完美的放松动作。正是从这个雕像当中，我们会看到美的全部。因为一个人的身体在侧转时不会是一个直绷的状态，而是一个反S形的非常舒缓、放松的动作。

从背面看它，你可以发现艺术家在构思这样一个美的人体时，掌握着非常完整的人体知识。比如它的腰线不是水平的，而是倾斜的，因为身体在做这样的一个侧转时，腰线本就不是水平的样子。它的肩胛骨是有上下区分的，臀部也有高低之分。

总而言之，它呈现出一个非常完整、非常完美的姿态。而且在这座雕像中，我们可以观察到一种非常奇特的美的平衡。这个美就是所谓的美到极致，极致的美是一种最高境界。这样美的雕像还会给人另一种感受，就是美得让人觉得亲切，甚至会有一种似曾相识的感觉。这也是为什么我们在它面前常常会为之倾倒，会情不自禁地喜欢上这个雕像，因为它的美非常有特点，这个美不是高高在上、拒人以千里之外的美。它的美达到了极致，同时也让人觉得亲切。

而且从形式上来看，这个美的形象也有一些非常特别的地方值得我们关注。比如说如果我们找一座雕像，以肚脐的位置为界，把雕像分为上半部分和下半部分，上半部分的长度除以下半部分的长度，得到的结果约是0.618。反过来，如果用下半部分的长度除以上半部分的长度，得到的另一个结果约是1.618。1.618或0.618就是所谓美的常数，或者最美比例，也就是通常我们所说的黄金分割比。这个雕像不仅动作美到极致，而且它的身体的比例也美到极致，甚至让今天的我们都会有一种特别惊讶的感觉。

在现今的考古发现中，我们可以看到20岁左右的希腊少女的骨骼。如果我们通过复原技术，还原她真实的身高、真实的身体比例，我们会发现，现实中的希腊少女身体并不一定符合黄金分割比，因为她们的腿会稍短一些。那么是什么让古希腊的艺术家在两千多年以前就找到了这个最美的比例呢？

在文艺复兴时期，很多艺术家甚至会感慨这是神暗示的比例，没有任何逻辑。是神在暗示艺术家们：这个比例是最美的。所以艺术家们就得到了这个比例。虽然这个解释没什么说服力，但依然会让我们感慨希腊的艺术家在塑造美的形象方面的出神入化。他们所塑造的美的形象成为后来的艺术家模仿的对象、灵感的来源。

这里我不由得想到古希腊最重要的女诗人——萨福。萨福曾经写过一篇诗歌，仿佛是为这个优美的雕像，即我们所说的《尼多斯的阿佛洛狄忒》所写的。诗中写道："我宁愿看到她优美的步履以及脸上洋溢的神采，却不想看莉迪亚的战车和士兵的战斗。"也就是说这种美本身也是一种"和平"的象征，是美到极限才会引起的最美好的感受。

三、达·芬奇

在卢浮宫可以经常看到的一个画面，就是达·芬奇的肖像画《蒙娜丽莎》前面永远挤着无数的观众。所有的镜头、所有的眼睛都看向这幅作品。

事实上在这个展览大厅内还有一些非常重要的藏品。比如威尼斯画派中非常重要的大师委罗内塞的巨大油画——《加纳的婚礼》，它是卢浮宫收藏的油画中尺寸最大的一件作品，恰好在蒙娜丽莎对面的位置上。而尽管蒙娜丽莎尺寸那么小，却依然吸引了无数人。原因在哪里？而且有时候常常有朋友说，他们真的到了卢浮宫，看到了这幅画，却还是有些疑惑：为什么这幅画能吸引这么多人？为什么全世界都认为这幅画是最伟大的西方绘画？原因到底在哪里？

我认为我们可以从很多方面来看待这幅画。首先要提到这幅画的作者达·芬奇，达·芬奇其实是一位非常特别的艺术家。或者说用艺术家这样的头衔来称呼他并不符合实际情况。这里我们可以参考2015年4月《国家地理》杂志历史专刊上的一篇文章，这篇文章就指出达·芬奇甚至可以被认定为科学革命的先锋。

他在许多领域超越了同时代的人，就像他自己所说的那样："我是希望创造奇迹的。"他究竟创造了哪些奇迹？目前来看数量多得令人无比惊讶。比如他研究天文学，否定了地球中心论；他研究物理学，发现了惯性原理，同时对杠杆原理做了进一步的阐发；他还研究光学，发现了光的传播，同时还研制针孔成像仪器；他研究气象学，探明大气的折射原理及天空为什么是蓝色的；他研究医学，进行了大量的人体解剖，甚至还解剖过人的眼球，他的解剖涉及成年男性、女性尸体甚至还包括婴儿尸体；在生理学方面他研究人的血液，理解了心脏和动脉的关系；在数学领域，他是第一个使用加减符号的人，他还研究了立体几何；在建筑学领域，他既有理论也有具体的实践，甚至规划过一座城市的整体面貌；在水利工程学领域，他了解流体力学和水利工程等方面的知识；在军事学领域，他甚至设计出直升机、降落伞、坦克、潜水艇、机关枪、手榴弹等武器的图纸；他在机械领域也有非常多的发现，比如创造了所谓达·芬奇机器人，研究过齿轮装置；在地理学领域，他研究了地球板块的构造，甚至计算出了地球的直径；在生物学领域，达·芬奇是最早描述了植物叶片排列系统的人，研究过大量的化石；在哲学领域，他强调经验认识的重要性，提出了"镜子说"，还对科学的研究方法论有独特的见解；在雕塑领域，他创作了当时最大的青铜雕塑；在绘画领域，他创作了祭坛画、肖像画和湿壁画；在文学领域，他写过寓言、童话、故事；在音乐领域，他是一位杰出的竖琴和七弦琴的演奏家，会歌唱、谱曲；在设计领域，他设计了舞台背景、服装道具等。他是集多种天才于一身的人，心理学家弗洛伊德曾无限感慨地称达·芬奇就像一个在黑暗当中醒得很早的人，与此同时所有其他人都依然在睡梦当中。这样一个高度聪明、充满了奇思妙想的天才，当他的才情聚集到绘画时，我们可以想象他会达到什么样的高度。达·芬奇现存于世的手稿约1.3万页，这些手稿图文并茂，我们既可以看到他绘画的部分，也可以看到他文字的部分。最不可思议的是手稿中所有的文字都是反写的。据说达·芬奇曾有一个宏大的计划，就是一生要写120本书。由此可见这是一个非常特别的天才。

在他的手稿里，我们会看到他对自然极其投入的观察，观察的细致程度远超一般人，让科学家都不由得为之惊叹。

我曾经看到过根据达·芬奇设计的模型建造的桥梁。那是我随同中国美术家代表团访问挪威的时候，在当地一位艺术家家中用完晚餐后，我走到户外，突然看见前面有一座桥，造型非常优美，在询问后得知这是根据达·芬奇所设计的图纸建造的过街天桥。它非常漂亮，给我本人留下了极其深刻的印象。

（一）《岩间圣母》

在卢浮宫的大画廊里经常出现观者如堵的画面，《岩间圣母》就是常常被围观的作品之一，也有人把它翻译成“岩下圣母”。

我们通常在美术史教材里看到的内容都是围绕这幅作品中作为母亲的圣母的，她的慈祥，她的一些世俗的、生动的感受。但除了圣母形象外，我们也能够看到圣母与自己儿子的亲情体现了人性的温暖。

除此以外还有很多值得关注的地方，比如它的名字叫“岩间圣母”或“岩下圣母”，那块岩石就引起过很多人的兴趣。曾经有一位科学家写过一篇论文，这篇论文写得很长、很详细。这个论文其中一个关键性的结论就是：如果达·芬奇没有对自然进行深入、细致的观察，他绝对画不出这幅画中背景上的岩石。这块岩石表面的颜色、肌理、效果都几乎像地质学的标本一样，分毫不差，非常准确。达·芬奇表现山石，除了想表达自己对自然的高度的兴趣外，也在暗示画中圣母的母爱如岩石一样天长地久、永恒不变。

在《达·芬奇密码》这本小说里，作者提出很多有趣的问题。比如为什么要把圣婴画成双手合十，仿佛在接受别人的祝福，而不是他向别人表示祝福。而在画面的最前方，地上坐着的这个形象，应该是约翰。可约翰举着两根手指，手心朝外向圣婴表示祝福。所以小说的作者通过这样的方式来表达：这就是“非同寻常”，这就是“密码”。

约翰向圣婴表示祝福的含义还因为两个细节而得到了加强，比如圣母的手像鹰爪一样半悬在空中，下面是天使长的一根手指，手指顺着约翰指向圣婴的方向。从意义上的强调来看，如果这是约翰向圣婴表示祝福，则非常奇怪。我认为如果想要解读这幅画，从所谓密码的角度去解读有些不准确。因为把圣婴表现成双手合十，接受祝福的状态并不是特别罕见的情况，在很多同类题材的作品当中，我们都可以找到基督接受别人祝福的形象。比如在拉菲尔的一幅祭坛画上，可以观察到在圣母的怀抱里的圣婴，同样是举着两根手指向下，双手合十的约翰祝福的画面。

基督在接受别人祝福时，也会有别的姿态。比如一边接受别人的洗礼，同时还向对方表示祝福。我们在这幅画里所看到的就是这样的形象。但与此同时我们还可以看到，在这个故事里，他在接受别人的洗礼的时候是双手合十的，在接受别人的祝福。

如果小说作者把它看作所谓密码，那么在类似画作的比较之中，我们会慢慢地解开疑问。这些姿态不一定是密码，画面本身才更值得我们关注。

上文中提到温情脉脉的场景，与其说是圣母、圣婴之间的爱，不如说是人间母子之间的爱。而且有新的研究表明，在这张画里，我们可以看到除了岩石的准确再现达到令人惊讶的、逼真的效果外，还能看到很多植物。曾经有个生物系学生做过这方面的研究。他利用他生物学的专业知识，一一辨认出这幅画里的植物种类，然后就开始辨认这些植物所对应的象征意义。他发现在卢浮宫的这张《岩间圣母》中，所有植物绘画得非常逼真，品种繁多，而且还有一个共同特点：画中植物都是可以和画中季节对应的。

这使他相信这幅画就是达·芬奇的原作，因为画中所有的细节都无懈可击，达到了几乎完美的地步。《岩间圣母》的另外一个版本保管在另外一个国家的博物馆中，两幅画几乎相同，但是有两点不一样。第一，岩石变得有些简单；第二，画中的植物变得更少，而且还有季节上的交错。

所以当我们看到这幅画时，我们相信一个非常重要的事实，就是达·芬奇在这幅绘画里面创造的东西既有科学支撑，也有人文素养。因为他表现的是人间母亲的爱，这种爱充满着人性的温暖和光辉，足以穿越岁月，哪怕时至今日，依然会打动今天观众的心。在画面前面停留得越久越会被它感动。这就是达·芬奇的《岩间圣母》，非常的精彩、非常的迷人。

当然名气最大，也最吸引眼球的依然是《蒙娜丽莎》。

（二）《蒙娜丽莎》

1. 扑朔迷离的《蒙娜丽莎》

达·芬奇的《蒙娜丽莎》是一幅谜一样的画作，很多人看过这幅画也未必能够真的了解它。这幅画到底特别在什么地方？

首先我们可以从细节上来看。在看这幅画时，我们首先要辨认的是被画的人。画中人的身份在今天大致被认定是一名丝绸商人的妻子。奇怪的是，像达·芬奇这样连睡觉时间都不够的艺术家为什么会去画一名普通商人的妻子？这似乎并不合理。根据史料记载，也许因为达·芬奇的父亲与蒙娜丽莎的丈夫有特殊的联系。他们可能是邻居，况且丝绸商人能说会道，或许他说服了达·芬奇的父亲，达·芬奇的父亲又说服了达·芬奇本人来创作这幅画。但如果这样推测，所遇到的疑惑会变得更大。因为通常情况下如果要委托画家作画，委托人会在约定时先支付一部分定金，等到作品完成后再支付尾款，这才是一个正常的、符合当时实际情况的委托流程。但由于某些不明原因，达·芬奇一直对他人说这幅画没有画完。

达·芬奇生命中最后的三年在法国度过，因为当时的法国国王弗朗索瓦对他非常器重。达·芬奇在法国期间，依然把这幅画带在身边，至死也没有离开。这幅画到底与他有什么特殊关系？这令后人非常好奇。

据说他逝世前曾非常忧伤。他对自己的助手问道："请你告诉我，我这辈子究竟做了什么？"他就是这样一个即使完成了如此多的成就，还会怀疑自己没有建树的人。

传闻达·芬奇和弗朗索瓦的关系非常好。最后临终时，弗朗索瓦国王抱着达·芬奇的头，达·芬奇在国王的怀抱中去世。但今天的人们通过研究发现这种说法似乎并不真实。不过法国国王跟达·芬奇的关系特殊是值得相信的，这也是这幅画最后会留在法国而不是在意大利的重要原因。

这幅画在法国时，曾被挂在弗朗索瓦的房间里，可见这幅画被重视的程度。据说后来拿破仑也曾把这幅画挂到自己的居住区，但是这次挂的地方让人有些心悬，因为拿破仑将它挂在了浴室。而洗澡时的水汽也许会影响到画作本身，因为这幅画是画在木板上的，湿度的变化可能会对画作本身造成损害，好在这幅画很快就被取下来了。现在来看这幅画的话，有几个地方值得注意。

第一，这幅画的背景实际上有经常会在达·芬奇的绘画作品里出现的一种所谓奇山异水，风景表现得非常美。但这个风景有一点非同寻常的是，它的右边地平线的位置似乎高出左边。这里便产生一个疑问：为什么要把地平线处理成这个样子？而且背景上左边和右边的细节中出现了达·芬奇家乡的景物，比如左边的反S形的小路、右边的一座桥。我们今天在达·芬奇曾经生活的地方依然能看到这些景物。

为什么达·芬奇会在背景里加上个人化的东西？为什么他要把这名女性画成这样？有一些材料可以帮助我们理解。比如在德国的一个图书馆保存着一份偶然发现的文献，这份文献对我们理解达·芬奇的这件作品有较大意义。因为文献中提到一本非常古老的书，这本书于2005年在德国的一个大学图书馆里被找到。这本书的主人恰好与达·芬奇出于同一时代，并且跟达·芬奇打过交道。这本书对于我们理解达·芬奇的这幅画有着非常重要的意义，书的主人在旁注中提到一个事实：达·芬奇几乎是像古希腊的伟大画家阿佩莱斯一样来画这幅画的，他几乎是把丝绸商人的妻子——乔孔达，当作圣母来画的。换句话说这幅画有着前所未有的重要性。当时达·芬奇在画这幅画时，为了让人物有比较愉悦的情绪，甚至雇用了乐手在旁边伴奏，让被画的对象能够始终保持愉快的表情。

为什么达·芬奇要在这幅画里倾注如此多的精力？他是否有某些特别的追求在其中？这些疑问始终萦绕在人们的脑海中。我们可以看到这幅画中有些细节确实是非常值得关注的，比如画中人物身后阳台的栏杆，栏杆边上还可以看到某些建筑物柱子的台基，也就是一个半圆形突出部分的两边，不仔细观察很难发现。另外画中人物的两只手，手指稍微有点肿，这个细节正好证明了被画的女人当时可能已经怀孕。而怀孕可能会带来忧郁症，所以需要音乐伴奏舒缓心情。如果仔细观察原作还会发现画中人物腹部的位置上有一块皮草，也体现了保暖及保护婴儿的细节。

在众多细节中有一个细节让今天的人非常迷惑，也就是画中的人物好像没有眉毛。没有眉毛会让人物形象稍显古怪。这到底是什么原因导致的呢？有学者认为这是当时的时尚，文艺复兴时期的女性把眉毛剃掉是比较常见的现象。比如我们可以看到，保管在皮蒂宫里的拉斐尔的一幅画里，人物眉毛也是剃掉的。但奇怪的是，在卢浮宫有一幅拉斐尔的素描，素描稿里面出现的女性形象与达·芬奇的这幅画里的形象几乎一模一样，只不过背景做了简化处理。可在拉斐尔的这幅画里呈现的女性形象是有眉毛的。

拉斐尔比达·芬奇更加年轻，他非常崇敬达·芬奇，所以我们可以推测他在临摹的时候应该充满了敬意，不会随意删改。那么也就意味着女性眉毛在这个时期是存在于画作中的。几年前，东欧的一个图书馆曾经举行过一个图书展览，其中有一本图书介绍的就是蒙娜丽莎，也就是那名丝绸商人的妻子。通过观察图书插画可以发现她是有眉毛的，那么为什么她在达·芬奇的画里却没有眉毛呢？

这个悬念一直到2012年才消失。人们非常意外地在西班牙马德里的普拉多博物馆内发现了一幅新的《蒙娜丽莎》。这幅画在清洗前完全看不出它跟达·芬奇的那幅画有什么联系，而在清洗后人们发现两幅画惊人地一致，所有的东西跟收藏在卢浮宫博物馆的那幅画是完全吻合的，除了最关键的一点——这幅画里的女性是有眉毛的。所以我们也有理由相信，达·芬奇的原作也许是有眉毛的，只是后来因为清洗或者某些别的原因，它才不见了。

通过将普拉多博物馆的这幅作品与卢浮宫博物馆的作品进行对比，我们发现这两幅作品的相似度之高令人惊讶。如果不是在原作前临摹作画，也许根本无法达到这种细腻的程度。以此推断，有人相信画作中女性角色原来是有眉毛的。

在历史上曾经发生过一些非常重要的事件，使这幅画的知名度比其他所有的画都高。首先在20世纪的早期，这幅画曾经受到很多绘画学习者的欢迎，学习者愿意在这幅作品前进行临摹，这在当时是非常常见的现象。但到了1911年，这幅画突然不翼而飞，让卢浮宫的所有人都大吃一惊。

1911年的一天，卢浮宫的馆长从这幅画前面走过时，发现这幅画不见了。他马上询问保安人员，保安人员随口说也许是摄影部的人把它拿过去拍照了。第二天馆长又从这幅画前面经过时，发现这幅画依然不在原来的位置上，随即又询问保安，之后干脆自己到摄影部询问。但摄影部的人声称自己根本没有拿这幅画来拍照。画作不翼而飞后，全馆震动，所有工作人员四下寻找，结果仅找到这幅画的画框，画心依然不知所踪。

这幅画其实被一个意大利人偷走了，这个意大利人原本在卢浮宫里做木匠工作，负责制作画像的画框。他有一天突发奇想就把这幅画偷了出去。在它被偷走后卢浮宫就出现了一个从未有过的奇怪现象：没有看过这幅画像的人第一次意识到这幅画是多么的重要，纷纷来到卢浮宫对着这幅画留下的空位表现得非常忧伤，哪怕此时这里只有固定画框的四颗钉子。

幸运的是一年后这幅画在警方的努力下被找到。它因此意外，难得回到了故乡——意大利，所以找到后这幅画就顺势在意大利进行巡展，巡展后再交还到卢浮宫。据说，当公布了这幅画被找到的消息后，法国举国欢庆，境内所有商店的东西都开始打折售卖，可见这幅画在法国人民心中的地位已经变得非常特殊。

2.《蒙娜丽莎》的外交生涯及影响

另一个使这幅画在文化意义上非同寻常的原因是它在国际交流中发挥的重大作用。

1960年，法国与美国的关系并不融洽，当时的法国总统戴高乐完全不听从美国的指示，自行一套。这让美国人民对他既恨又爱。那个时期的法国有一位重要的作家叫安德烈·马尔罗，他是当时法国的文化部部长，也是戴高乐在“二战”时期的战友。他曾经遇到过之后的美国总统夫人杰奎琳，据说杰奎琳直截了当地提出了一个要求：能不能让美国人民有机会亲眼看一看《蒙娜丽莎》？之所以提出这样的要求，是因为杰奎琳在大学三年级时，曾在法国的一家时装杂志社实习。在逗留巴黎期间，杰奎琳就喜欢上了法国的时装、法国的美食，更爱上了法国的艺术品，尤其《蒙娜丽莎》更是她的最爱。这个要求通过马尔罗传达给了戴高乐总统，戴高乐总统非常不以为然，认为没有必要让“没有文化的美国人”看到这幅画，随即就拒绝了。但马尔罗凭借战友的关系郑重其事地跟总统解释，表示把这幅画借到美国去展览会显示出法国在文化艺术上的慷慨，那么法美两国的关系或许会因为此次事件而缓和。而在此之前，有一批艺术爱好者，专门从美国飞到巴黎来看《蒙娜丽莎》，但是当他们回去时，飞机起飞不到一个小时就在空中爆炸，酿成了一场巨大的空难，这个事件也使得两国关系降至冰点。但也正是这些事情让人们看到了《蒙娜丽莎》确实具有一种特殊的外交魅力。

当时的卢浮宫得知这幅画有可能送到千里之外的美国展出时，甚至有人提出了辞职。戴高乐总统便要求卢浮宫博物馆的馆长到他的办公室面谈，商量能不能由总统办公室出面，借走这幅画，然后再以总统办公室的名义借给肯尼迪办公室，最后肯尼迪办公室再将这幅画借给美国的国家博物馆，这才促成了这场跨国展览。这次的展览在当时所受到的礼仪待遇非常高：由两位美国海军陆战队士兵24小时持枪保卫。但其间也发生过一系列神奇的事情。

据说在开幕式当天，法国卢浮宫的一名专家，注意到约有2 000人到达开幕式现场，并且她认为当时的摄影仪器、过多观众在现场的呼吸会影响空气湿度，容易对这幅画造成损坏，所以她决定走到花盆后的仪表仪器前查看具体湿度。但是守卫的士兵完全没有意识到这是来自卢浮宫的专家，随即使用刺刀将她刺伤，其他特工则将她扑倒在地，最后这位女专家在救治了8个小时后才苏醒过来。

另外还有一件事值得一提，美国总统也来到现场为画展的开幕式致辞，在当时是很少见的情况。在他做开幕式演说时，突然就发生了一件很奇怪的事情——原先安装的扩音系统突然失效。这样一来，肯尼迪总统只能提高嗓门讲话，但现场的回音使他的声音变得更加模糊，在场的嘉宾都在窃窃私语，不清楚总统在喊什么，导致现场十分混乱。之后有人开玩笑地解释说，也许不是别的原因，只是因为《蒙娜丽莎》来了。

而在这之前还发生过一件事情：当肯尼迪总统一行人走进VIP通道时，要经过一个电梯。当总统走向电梯时，电梯正常运行，但在所有的人都站好后，电梯就突然停止了，后来多次检查也没有发现任何问题。

当时现场有很多人在排队欣赏这幅画，而且海军陆战队的士兵依然站在画的两边。据说有一个孩子非常希望让自己的宠物狗也能看一眼《蒙娜丽莎》，所以想办法借了一件大外套，裹着宠物狗走到画前面，然后突然张开衣服，就这样让那只宠物狗也看了一眼《蒙娜丽莎》。整个展览确实变得有点像神话般神奇，很多从没去过博物馆的人都会想去看一眼《蒙娜丽莎》。这些人在《蒙娜丽莎》这幅画前停留的时间大概不会超过20秒，但正是这20秒给很多人的生活带来了戏剧性的变化，也让很多人开始喜欢博物馆。

这次展览甚至让美国总统的顾问委员会里多了一位与艺术相

关的顾问委员。也正是这次画展让人们意识到，艺术能引发非常大的社会效应，会影响到很多的人。所以当展览来到第二站，美国纽约时，排队的人群蔚为壮观。很多人只是为了一睹佳作而苦苦等待。这也就是第一个事实：卢浮宫里的这幅画曾经是一名外交大使，并且是一名非常独特的外交大使。

这幅画还和日本有些关联，日本在20世纪70年代选举产生了战后最重要的首相田中角荣，中日邦交正常化就是在他任内完成的，他在文化上也做了一些非常重要的举措，比如当时的日本东京已经举办过夏季奥运会，成为亚洲第一个举办奥运会的城市。在田中角荣任内，也就是1974年，《蒙娜丽莎》被借到日本的东京国立博物馆展出。这个事件在当时轰动全球，因为从某种意义上来讲，一幅最重要的画作来到日本展览，意味着日本人民是能够欣赏这幅作品的。这也从某种意义上提升了日本的文化影响。当时的日本皇太子也到现场跟随他的老师一同欣赏，整个展览的运作吸引了约150万观众，展览收入和支出达到了平衡，这几乎是展览史上的奇迹。

在今天的日本，《蒙娜丽莎》的影响无处不在，东京市中心的一个建筑上也曾经出现过蒙娜丽莎用叉子叉着一颗草莓的场景。很多人对达·芬奇充满了兴趣，所以使用过期的地铁票，组成了一幅《蒙娜丽莎》，可见日本人民对她的热爱。甚至日本电影也经常用到这个题材，讲述《蒙娜丽莎》这幅画是怎么来到东京展出的。近几年意大利的艺术作品尤其是达·芬奇的作品，每次到日本去展出，都会引起巨大的轰动。所以达·芬奇在东方的影响也可以从这幅画的展览史上深刻地体现出来。实际上《蒙娜丽莎》这幅画也不是一幅纯粹的画，它甚至成了大众文化的一部分。在很多地方，如电影、印刷品、照片中都会出现蒙娜丽莎的形象。

我记得有一张《国家地理》杂志的获奖摄影作品，就是一个摄影师扛着一幅类似道具一样的《蒙娜丽莎》复制品，横穿马路的一张照片。这张照片之所以能够获奖，其实也是跟画面当中出现《蒙娜丽莎》有关。

澳大利亚曾有人用咖啡的不同颜色组成《蒙娜丽莎》。甚至广告上也可以出现非常惊艳的蒙娜丽莎形象。我记得有一款甲壳虫汽车就使用了蒙娜丽莎的头像。所以由此见得蒙娜丽莎已经成为大众消费的一个符号。

她的影响远远超出了我们通常所说的一幅画能带来的影响，它的很多细节，我们也许还可以不断地深入探究。有人曾经感慨《蒙娜丽莎》这幅画是一个说不尽、道不完的话题。它的魅力无穷，比如最近有一个研究，哈佛大学的一名教授曾经写过一本书叫作《视觉和艺术》，副标题叫"看的生物学"。她的这本书封面上用的就是《蒙娜丽莎》的局部。她所使用的《蒙娜丽莎》似乎显得有点特别。因为我们看到的这个局部比原作更生动，更笑意盈盈，更迷人。这正是她所得出的一个非常重要的研究结论的体现。她认为当我们直接面对《蒙娜丽莎》这幅画时，看到的景象会非常生动。但如果我们再换一种看的角度，比如用侧面的余光来看这幅画像时，则会发现蒙娜丽莎的笑容变得更加的明显和迷人。如果再换一个角度，使观看角度更偏，则会看到一个完全沉浸在笑容当中的迷人的形象。借此这位哈佛大学的教授非常感慨，她说达·芬奇在作画时一定是正对着这块木板的，可是他是如何预料到我们观看角度的改变，从而在画中藏着一个更加迷人的蒙娜丽莎的呢？

更奇妙的是，当我们用某种角度观看时，画中地平线一高一低的现象居然消失了。这难道是达·芬奇在暗示我们，一定要选取一个很特别的角度才能看到这幅画的全部魅力吗？这真是一个非常有趣的问题，同时也让我们看到一个事实，就是达·芬奇的这幅画与其说是一幅简单的肖像画，不如说是一个充满了魅力的形象载体。

法国诗人波德莱尔曾经写过这样的诗句：

> 达·芬奇，阴暗的深镜，
> 那儿迷人的天使，带着充满神秘的
> 温柔微笑，出现在冰河和
> 松林封闭的国度的暗影里。[1]

以上这些不由得让人感慨，这或许是我们在卢浮宫看到如此多的观众围观一幅小小的画面的一个最重要原因——它实在是太迷人了。

1　引自《灯塔》，波德莱尔著，莫谕译。

第二章　奥赛博物馆

丁　宁
北京大学艺术学院教授

一、奥赛博物馆概况

奥赛博物馆坐落在美丽的塞纳河畔，著名的卢浮宫与它遥遥相对。

奥赛博物馆的建造是为了迎接1900年的万国博览会，最初建成时是一个火车站。也许是考虑到需要与周围的建筑形成一种协调的关系，当时的设计师拉鲁在设计中加入了一些古典元素，但是整个建筑采用的是一种非常现代的构造。据说，建造奥赛博物馆时所用的钢材是建造埃菲尔铁塔时所用钢材的两倍，共使用了1.2万吨。

奥赛博物馆建成后引起了极大的反响。曾有一位法国画家感慨地说，当今巴黎美术学院像个火车站，可是当今的火车站却像个美术学院。这句话在后来当真一语成谶。因为在火车站停运之后，1977年的法国总统德斯坦建议将其改造为美术馆。整体改造从1979年开始，大概用了7年时间，1986年，奥赛博物馆建成。奥赛博物馆在展览的主题上十分明确，着眼于从1848年到1914年的法国艺术。博物馆里有着尤为精彩的印象派艺术品收藏，是所有印象派绘画爱好者必去的圣殿。

从面积上来看，奥赛博物馆并不小，因为它有相当于卢浮宫一半大小的展览面积。每年，奥赛博物馆都会开展三次颇具吸引力的“临时大展”，每一次大展都会有一个特定主题，并从全世界借来重要作品参展，其规模也很大，因此能吸引到众多观众。2014年，奥赛博物馆的总计参观人次超过了348万。

对许多法国人来说，奥赛博物馆不仅是他们最喜爱的博物馆，也是参观的首选。原因之一自然是博物馆对于法国艺术的出色展示；另一个原因则是奥赛博物馆会给参观者带来一种强烈的印象——这是一座可以给人带来极大乐趣的博物馆。奥赛博物馆可以吸引全世界艺术爱好者一个十分重要的原因便是它以印象派为主题的展陈。馆中展示的印象派艺术作品往往给人一种温暖感，就像是印象派画家在户外作画时那种无限变迁的光与影，十分奇妙。

二、奥赛博物馆的雕塑作品

纵观整个奥赛博物馆，具有浓厚学院派气息的作品比比皆是。例如，法国艺术家普拉迪尔曾制作过一尊非常唯美的雕塑，其形象便是古希腊时期的著名抒情女诗人萨福。这尊萨福雕塑采取坐姿，身边还有一个用来伴奏的乐器，其题材与旨趣都十分具有古典气息。

此外，苏珊娜沐浴的题材也十分常见，以此为题的雕塑数量也很多。此类雕塑在很大程度上体现出了学院派中常见的题材。

除去学院派雕塑，博物馆里还有许多形式简约、具有现代风格的雕塑。例如法国艺术家弗朗索瓦·蓬朋（François Pompon）在1922年创作的一尊白熊雕塑，线条简约，还原了白熊生动可爱的样态，使得很多观众，尤其是儿童或女性在雕塑前久久驻足、心生喜爱。

除此之外，博物馆里还展出了人们熟知的印象派时期著名雕塑家罗丹的许多作品，其中尤其出名的便是一尊曾经遭到否认和拒绝，如今却变成经典之作的伟大作家巴尔扎克的雕像。当年，法国作家协会约请罗丹来为巴尔扎克塑像，但是所有人都觉得成品似乎过于丑陋，表示无法接受。然而在十几年过后，当这尊雕像再次面世时，许多人却对其表示了认同。这充分说明人们对艺术品的审美取向往往会和时代趣味的变化相对应，十分有趣。罗丹花费三十多年时间依然没有完成的巨作《地狱之门》，也是博物馆里的珍贵藏品。这件作品的构思来源是但丁的《神曲》，具有文学渊源，罗丹对此倾注了无限的心血。虽未完成，但这件半成品也已具奇妙的风采。哪怕单独从这件作品中提取一些形象或组合，也已可以形成一个庞大而经典的系列，比如脍炙人口的作品《思想者》，就是从《地狱之门》上取下的一个局部形象，此外，《三个影子》也来源于此作品。

在雕塑方面，印象派画家德加也值得一提。德加的雕塑《舞蹈者》在材料选取上别出心裁，将纱裙与衣料都应用进雕塑中，呈现出非常奇特的美学趣味。相比芭蕾舞女演员在人们心中优雅万分的姿态，他更加强调了演员们放松时轻松随意的模样。

三、奥赛博物馆的绘画作品

奥赛博物馆里的绘画作品《泉》，是画家安格尔的杰作，充满了新古典主义气息。与此同时，人们还可以在展厅里看到写实主义大师米勒的作品。新古典主义绘画表现的多是神话题材，体现了一种理想主义，但这与现实生活有着不小的差距；而米勒的画作着眼于真实的生活，即使这样的生活本身平淡无奇，在米勒笔下，也可以变成令人沉思和回味的力作。

《拾穗者》就是一个很好的例子。这幅作品展现的只是农忙时节的一个普通时刻，但其中蕴含着许多令人深思之处。《圣经》里即有这样的描写：丰收时，人们要在收获后留下一些麦穗，让没有能力收获的人得以捡拾，以此抚养家庭。这仅仅是十分日常的一种劳动场景，是现实生活中的一瞥，但其背后自有一种富含人文精神的温暖关怀。同样的道理还体现在米勒的另一幅精彩作品《晚祷》中。《晚祷》描绘的是一对年轻的农民夫妇。黄昏乍临，远处教堂的钟声飘来，他们停下了手中的农活，转而虔诚祈祷。在这幅画作中，远处的地平线被拉到了几乎和人物肩膀齐平的位置，这在某种意义上强调了如下的道理：祈祷者的社会地位虽然卑微，但是他们信仰的高度和虔诚的程度并不亚于任何人。同时这也给予观者一种提示：普通的劳动者也有可贵的尊严，他们同样值得尊敬。

因此，奥赛博物馆不止有学院派的唯美作品，许多来自生活本身、和现实十分贴近的写实描绘也在这里得到了展现。这些描绘带给观者的感动，甚至可以震动人心的一种感触，都源自其对现实的写照，还有洋溢出画面的一种令人回味的力量。无论是雕塑还是绘画，无数珍贵的艺术品都在这里形成了鲜明的对照。

还有一个例子可以说明这种有趣的对照。法国画家卡帕内尔的名作《维纳斯的诞生》据称是拿破仑最喜爱的一幅画，它所表现出的神话题材与俗世生活相隔甚远，却体现出了学院派的唯美趣味。与此相对的是，印象派的另一重要人物马奈也曾将裸体女性的形象入画，但他的选择就和卡帕内尔全然不同。马奈的这幅画作《奥林匹亚》可以让人联想起文艺复兴时期提香、乔尔乔内等人笔下的维纳斯，但与卡帕内尔、提香、乔尔乔内试图用裸体形象体现神话中至高无上的美学理想不同的是，马奈在《奥林匹亚》中展现的却是一位会在现实中出现的妓女。这样的形象与当时的社会趣味并不吻合，甚至具有一丝挑衅意味，其背后却暗含着艺术家的特别用意。研究者曾发现，画中的妓女在右手臂上戴有金首饰，而在马奈的其他作品中，这件首饰也常常出现，尤其常常出现在曾在马奈不同生命阶段中给予他巨大影响的女性身上。对一位男性来说，给予自身生命的母亲和在日后生活中发展出情感的对象，都可算作这类女性，这对马奈来说也是如此。马奈曾在法国海军服役，并在服役期间结识了一位妓女，因此获得了一些痛苦的回忆，还曾染上性病。因而，当今天的看客再看到这幅画，马奈的这段经历就会自然地浮现在每个人心中，并由此猜想画中的这位女性是不是艺术家亲身接触过的某人。换言之，这也许是一个活生生的人，而不是某个想象创造出来的对象。

从卡帕内尔表现文艺复兴时期维纳斯形象的《维纳斯的诞生》，到马奈以同样姿态描绘妓女的《奥林匹亚》，观者不难感受到时代的变化，以及某种意义上生活本身所具有的一种时代性。这种强烈的旨趣对比和不同时代所带来的冲击，时时让前来奥赛博物馆的观众们惊喜不已。

四、奥赛博物馆里的印象派艺术家

（一）马奈

即便杰出的印象派画家人数众多，马奈仍是其中非常重要的一位。他笔下的生活场景，如今依然可以在巴黎窥得一二。例如，马奈的经典画作《酒吧女》所在的酒吧，至今仍在它原先存在的地方。印象派画家对于生活的表现和现实的关注，大力推进了一种趣味的产生及发展。

为何印象派绘画可以表现出人们眼前的生活，乃至户外的光影变化？原因之一是技术的发展。在马奈所处的时代，管状颜料开始面世，画家们不再需要在工作室里一边调制各色颜料一边绘画，而是可以带上现成的颜料去展现发生在眼前的现实生活。

与此同时，也有许多人认为马奈的作品与印象派风格有些出入，但马奈画作的重要性在于他向画作中注入了许多启迪的力量。马奈作品《吹笛少年》被批评为“几乎只画了一张纸牌而失去了原先的效果”，因为马奈在这幅作品中去除了所有的背景，而这来源于西班牙画家委拉斯开兹对他的影响。委拉斯开兹钟爱黑色调，当他把黑色调运用到极致时，背景中的几乎所有细节就统统消失了。马奈也对此种画法十分迷恋，因此他也将《吹笛少年》的背景处理得偏黑，这在当时引起了许多人的反感，他们认为这样的画已经不能再算是画。但恰恰只有这样的画法，才能将色彩与色块的对比运用得如此鲜明，带来极为新颖的效果，这超过了以往任何古典主义绘画所带来的那种视觉冲击力。

（二）雷诺阿

奥赛博物馆里还有一幅印象派画家雷诺阿的著名画作《煎饼磨坊的舞会》，其中趣味颇深。在这幅画中出现的人物全非虚构，而是画家本人所熟悉的作家、诗人、演员等等，煎饼磨坊的整体场景也有着相对应的实际地点，就位于今天的蒙马特高地附近。

在这幅画中，有人举杯畅饮，有人交谈甚欢，有人翩翩起舞，这些都是当时社会中非常常见的场面。在雷诺阿生活的年代，资产阶级兴起，许多人开始有闲暇时间去享受生活，和他人社交。尤其每逢星期天时，据称煎饼磨坊会免费开放，因此吸引了众多来客。雷诺阿所展现的，就是这样一个社交的、享乐的、放松的时刻。

在整个画面中，斑斑驳驳、似乎带有闪烁效果的色彩随处可见，这正是印象派尤为注重的，对眼前发生的光影变化的捕捉。画面中一些细节的部分在表现手法上与以往的绘画风格也完全不同。在古典绘画中，首先映入眼帘的是一种酱油色的基调，但是雷诺阿在画作中展现出的是实际置身于某个场景之中才会产生的光影。在放大的情况下，光影的细节得以更多展现，而画家需要在很短的时间内记录下这些光影，快速的用笔之下，色块与色块间颜色的饱满程度便达到了以往绘画所没有的高度，因为时间的限制让画家不再细致地调和色与色之间特有的细微之处，而是以饱和度特别强烈的色彩进行大胆组合。鲜艳而饱和度高的色彩运用，也正是印象派绘画时常会让观者感觉眼睛被洗过一般的原因。

与此同时，这样快速的笔触也营造出了与以往西方绘画所不同的一种追求——平涂。这与古典绘画中几乎没有笔触痕迹、完美无缺的立体效果形成了鲜明对比。

这样一来，印象派绘画就完成了两种极端之间的一种融合——原本都不可能实现的技法在融合之后产生了一种崭新的造型效果。印象派结合了两种有些矛盾的技法，使得画面更逼真，细看时却又能让人发觉其中那些快速平涂的色彩。平涂的手法对日后现代主义的艺术也产生了极大启发，即画面应回到二维平面的色彩效果，而不是去追求错觉的立体效果。从这层意义上来说，印象派起到了承前启后的作用。

再看雷诺阿这幅作品的细节，还有很多有趣之处。正如上文所说，画中人并非陌生人的集合，而是画家本人熟悉的朋友。整体场景中的气氛也十分微妙而耐人寻味，例如正在舞蹈的一对男女，男性急切地表现得十分亲热，而女性则在犹豫之中体现出了内心的些许抗拒。我们在这样一幅快速构思的作品中依然可以发现作家用心展现的这些细腻而微妙的情绪，这正是这幅画作独特的魅力所在，也是印象派绘画会从总体效果上一下抓住观众眼球，让观众想要一再欣赏的原因。

（三）德加

在印象派画家中，德加的名字也为人所熟知。德加作画的角度总是出其不意，曾有人形容他“在锁孔中观察人生”。这句话乍一听有些贬义，却十分贴合他的绘画风格。德加所做的，并不是记录他人特定摆出的一种姿态，而是在别人没有准备的情况下，对自己所见的事物进行再现。

奥赛博物馆里便有一件德加的精彩作品《苦艾酒馆》，它表现的是身处酒馆的一对男女。人们通常认为这幅画反映的是现代法国社会人与人之间的冷漠，但这样的理解似乎仍停留在表面。这幅画面其实来自一个独特的角度——画面的左下角。这种表现手法正是德加惯用的。从这个角度看来，似乎有一位旁观者正在注视画中的两位人物，这也许是画家正坐着的一个位置。进一步猜想，也可能是画中女性先前曾坐着的位置——她是自己将座位挪到画中那位男性身边的。这是否暗含着她想去吸引那位男性的意味？而那位男性目视前方的冷漠姿态，是否表明了他对这样一位女性的接近不感兴趣？

在德加笔下，这样一个看起来十分平常而具有生活气息的片段，反映出的却是当时法国社会的残酷现实——一些年轻的女性需要通过出卖自己的肉体来增加收入，甚至是为未来的自己攒下嫁妆。所以即使是这样一幅看起来平淡的作品，也暗含着德加对时代的记录以及丰富的社会学内容。印象派绘画往往会让观者从最大程度上感受到当时法国社会的方方面面，以及民众生活状态的变化。正如这幅画的标题，"苦艾酒"在这里也带有复杂的意味，它在某种意义上会让饮酒者产生冲动和幻觉，所以在这样的一间苦艾酒馆中，之后发生的事情都将变得意味深长。

德加的作品往往会从这些不经意的观察角度体现出耐人寻味的细节。例如画中这位女性从桌子底下露出来的脚，与这位男性稳当的双腿完全不是一种状态。显而易见，这位男性原先就坐在这里，而这位女性的左脚似乎正在往男性的方向移动。换言之，她正在主动接近这位男性，这更证实了她试图去跟他搭话的推测。种种细节都体现出了德加的社会学观察视角。

在奥赛博物馆，德加笔下的芭蕾舞女演员也受到了诸多观者的喜爱。德加的长处在于，他可以从多个角度来表现芭蕾舞女演员的美丽，从舞台上的形象到休息时打哈欠的形象，每一种都有独特的美。

（四）莫奈

在印象派绘画中，莫奈的画作同样具有震动人心的力量。奥赛博物馆藏的一幅莫奈作品就体现出独特的趣味。画中，一位女性背对阳光站立，身旁还站着一个小男孩，女性逆光而站，小男孩的站位正处于一种让观众仰视的角度。从这个角度看，两人的背后映照出了蓝天和舒卷变幻的白云。

如果将这幅似乎仅仅描绘了自己熟悉的亲人的画作看成一系列画中的一幅，画家倾注其中的特别心曲将会悄然浮现。画中撑伞的女性，其实就是莫奈早逝的妻子。妻子过世后，他又请来模特，以类似的位置和视角再次创作了打着遮阳伞的女性站在蓝天白云下的画作。但拉近来看，这位身姿清晰的女性的面容却是一片模糊。这其中也许就暗含着莫奈对自己亲人的一种怀念和纪念。

人们若将这幅画作为系列作之一来看待，自然也会发现它与其他作品之间的联系。这种联系在某种意义上超脱了一般的人物画，画中背景的意义也不再仅是一片绝美的风景，而包含了更多深刻的情感。莫奈曾为妻子创作过多幅画作，虽然他在妻子死后也曾再娶，但再也没有为别人画过如此用心的作品，其中心情令人感慨。也许是第一位妻子曾与他共患难的经历，在他的心中留下了他人无法替代、永远难忘的印象。因而当参观者看到这幅画中撑着阳伞的女性时，也能感受到画家心中那种深沉特别的情感，这也是证实了印象派绘画之所以迷人、之所以感人的范例之一。

除去情感的幽微之处，印象派绘画还反映了工业革命带来的巨大变化，十分具有现代色彩。莫奈曾住在巴黎郊区，需要坐火车前往市区，而在当时仍是新生事物的火车，对过往的画家来说便是一个从未尝试过的对象。为了将这个时代的新生儿更好地表现在画纸上，莫奈不断地观察、尝试，也多次前往火车站采风，甚至冒着生命危险站在即将开动的火车前细细察看，只为捕捉蒸汽机发动，火车将要开动时的一瞬间那种充满张力的现代面貌。库尔贝曾将当年的火车站比喻为“艺术家心目中新的教堂”，充分说明了艺术家对火车所代表的新时代的追崇。但是，莫奈在表现这样一种现代化的新生事物的时候，落笔却如描绘云蒸霞蔚，仿佛刻画的是风景一般优美的景象，充分表现出了火车作为一种时代和文化的符号时蕴含的诗意和美，也给了后世的参观者无限的遐想余地。奥赛博物馆藏的这幅《圣拉查尔火车站》堪称莫奈众多表现火车站的作品中最美的一幅，在蓝天的映衬下，蒸汽如云雾般白蒙蒙的效果不仅极为生动，也十分富有诗意。

在奥赛博物馆中，莫奈所画的《鲁昂大教堂》也常引得参观者驻足。鲁昂大教堂并不是一个新鲜的题材，但只在莫奈的笔下才如此具有光影变化之美。莫奈画下了教堂在不同时间不同光影下的特别效果，而他在画这一系列画作时所处的位置也十分特殊——据说，是教堂对面一家女装店的试衣室。这在当时应该是一个非常隐蔽、私密的空间，却成了莫奈用来观察教堂的最好画室。从今日的照片看来，这座教堂实际上其实并没有太多出彩之处，但莫奈笔下对教堂主立面一处一处精彩的局部描绘能美不胜收，让人遐想万千，将教堂的主立面呈现得极其迷人。其中奥秘就在于莫奈对不同时间下主立面显现出的不同颜色的捕捉，和对这种微妙变化的精准表现，从某种意义上来说，这也体现了他对光影变化的敏锐感知能力。

莫奈的另一些作品甚至可以改变人们对事物原本的看法。在他的画笔下，英国伦敦的国会大厦摆脱了原先政治色彩浓厚的哥特式建筑形象，而变成了光与影结合的产物，令观者惊喜。奥赛博物馆还展有一幅莫奈作品《蒙托尔热街》，表现的是庆典时的游行。大街上人头攒动，街道两旁建筑上的三色旗飘满空中。整幅画作虽采用简约的平涂手法，但游行场面所独具的热烈气氛被极佳地传递了出来，让人无限感叹。莫奈仿佛别具慧眼，可以发现一个场景或一处建筑中别人所发现不了的东西，这也是印象派绘画中具有革命性的一个特点。

莫奈对他的作品倾注了无限的热爱，甚至有时几乎要为之付出生命，有一个例子就很好地证明了这一点。创作《日出·印象》时，莫奈在法国的旅游胜地埃特尔塔附近的诺曼底海岸取景，若想捕捉到最美的日出景色，他必须在退潮时作画，而一旦涨潮，海滩上的人将会面临极大危险。据说有一次莫奈在海滩上作画时，因过于投入而没有留意到潮水已上涨到了十分危险的高度，直到一个浪头袭来打翻了他的画架，未完成的作品也被卷入海中，他才匆忙地逃向岸边，所幸最后平安无事。由此可见，印象派绘画也并不完全是闲情逸致的遣兴之作，它也是画家对自我的挑战，以及一种对大自然之美极其投入的全心描绘。在创作面前，莫奈全然忘记了个人安危，只为了记录下眼前光线与阴影的奇妙变化，正因此，大自然的壮绝之处才能在他笔下得到如此完美的呈现。

莫奈晚年的许多作品都是在他的住处完成的。钟意花草的莫奈在自己的花园里栽植了许多珍稀的品种，每日精心呵护，就连他的孩子也不可以在花园中随意奔跑。当莫奈对他自己所创造的景色进行记录时，他对色彩的讲究几乎到了挑剔的程度，这些画作中对细节和色彩的展现，让人百看不厌。除去园艺，莫奈还在花园里修建了富有日本韵味的日本桥和园林。曾有法国的艺术评论家认为，莫奈在描绘自己的花园时，不仅是在展现日常景色，更体现了他对禅思的热衷。虽然莫奈不是研究佛教或东方哲学的大家，但在他的作品展出后，评论家认为可以在他笔下的池塘里看到一片无垠的世界，富含禅思的奇妙。莫奈后来写信给这位评论家，感谢他对自己作品的理解。可以说，莫奈在作画时无意识地吸收了东方的智慧，他的画作也由此产生了一种无限的深邃，为印象派绘画开拓了一条特别之路。

据说，天鹅在临死前的叫声最为凄美、动人，莫奈最后的作品就仿佛是这样一首天鹅挽歌，拼尽全力展现出他所有的艺术才华。这幅作品描绘了他花园中池塘的风景，既是一种实录，也充满了哲理色彩和禅思意味，不仅对光影的变幻做了忠实的还原，也走向了深邃无边的境界。

（五）凡·高

在印象派后期，还有一位天才的名字无法绕过，那就是凡·高。

凡·高的一生无比潦倒，他在来到巴黎后完成了画风的转变，形成了一种更加鲜明的个人风格；但少了他的弟弟提奥的资助，凡·高几乎无法在巴黎生存下去。今日，参观者可以在奥赛博物馆欣赏到凡·高引人注目的作品。

凡·高有许多自画像，都给人留下了深刻的印象。在他之前，从未有人以这样的笔触来为自己画像。凡·高十分追崇现实派画家米勒，经过他的临摹和再创作，许多前人画家的经典作品在凡·高笔下都染上了他自己的色彩和风格，令人眼前一亮。凡·高擅于运用变形技法，常将暖色调运用到淋漓尽致。在他的作品《午睡》中，一对农人正在稻草堆边休息，整体场景十分温暖，仿佛可以亲身感受到午间阳光的灿烂。

在凡·高自己所画的人物当中，有一些人物永远有一些非常特别之处。比如他画过一位叫格西亚的医生，这幅肖像让人看到以后觉得非常的温暖和亲切，这和艺术家在人物身上所倾注的情感有着特别的联系。

这位格西亚是一位非常善良的医生，当时贫困潦倒的艺术家到他的诊所去看病，常常付不起医药费，他就愿意让艺术家们用画作来付钱。所以在他去世后，他的儿子就继承了他在行医时收下的大量印象派画作。他愿意收下这些画，也给了艺术家们以特别的鼓舞。因为据说当凡·高把画留给格西亚医生的时候，那位医生会高兴得像小孩儿一样在诊所里面打转、舞蹈。

在这幅作品里我们可以看到，格西亚医生有着慈祥的目光，带一点忧郁的神情，与后面的蓝色背景和他自己身上的蓝衣服形成一种非常奇妙的呼应。这张画的另外一个版本最终被一个日本收藏家买走，成交价格创下了当时拍卖会的最高纪录。

凡·高的画充满了一种人性，或者说一种对人性的渴望、一种强烈的心愿。因为凡·高作为一个艺术的探索者，非常的孤独。我们可以在奥赛博物馆里看到他曾经画过很多次的一幅画，即《在阿尔勒的卧室》。从这幅画中，我们可以窥探到艺术家一些内心的想法。比如他在床头上方挂了两幅画。其中左边的那张画我们可以很明显地看出来是他的自画像。可是右边的那一幅画的是谁呢？有人说是一名法国上尉。在这里，我们可以将此理解为艺术家其实非常渴望和人交流。曾经有一些研究者去试图复原这个画面，他们发现被复原的这个房间会显得非常的窄小。但是在这幅画里，我们看到的这个房间是变形的，是非常宽敞的，甚至有一种让人一步就能够踩进去的吸引力。那么这种看似平淡的生活的一角的记录，实际上反映的是艺术家对友谊、对与人交流的强烈诉求。

看到这幅画，看到画面里边的暖色，看到从窗户当中透过的一幕绿颜色似乎是有种燃烧的希望的时候，我们似乎能够看到艺术家内心的一种热情。所以看凡·高的画常常会给人带来特别的感动，原因就在于画面的每一个细节都透露出艺术家对人生、生活、友情的一种特别的理解。

（六）印象派的其他画家

印象派中还有一位非常特别的女性画家，即贝尔特·莫里索。她在《摇篮》中表现的是一位母亲和一个婴儿在一起。画中这位母亲其实也不是别人，正是她自己的姐姐。她表现的是产后的母亲在注视着自己的婴儿时那种充满慈爱的目光，以及婴儿在摇篮里平静地入睡的情景。在画中，我们可以看到她的后面有一个窗户，似乎有一道光能够照射进来，透过薄薄一层织物，再照到人的脸上。所以人的皮肤上面的各种各样的颜色层次表现得非常细腻。

另外，像印象派后期的代表人物塞尚，让我们看到了他在画中居然可以用色块的组成来表现人体，而不去追求所谓立体效果。

奥赛博物馆还能看到印象派后期的发展，例如修拉的作品。修拉的绘画技巧到最后变成了一种所谓的“点彩”。即不用任何的颜色调和，直接用原色一点一点地表现画家所看到的事物。这样的话，色彩的饱和度或者色彩的鲜亮的程度就会超过一般的画作。可是这种画法其实是非常困难的。

曾经有很多人为了模仿修拉的这种作画方式，就在自己的画幅前面放上二十多种颜色。每一种颜色都要一点一点地去点，会非常花时间、花功夫。毕沙罗曾经想学这个点彩画法。但在画过几幅之后就放弃了，因为他发现眼睛吃不消了，非常非常的累。

在修拉的作品里面，我们能看到印象派另外一种新的开拓，就是风景可以变成从一种色彩组合当中去观看的特别对象。色彩的点可以组合成一种风景本身，这是视觉上的一种创新。如果我们拉近了看，就可以看到那些风景的细节都是一个个色彩本身，没有任何的调和。但是如果拉远了看，我们能看到一种特别的光影效果，有一种特别的感染力。

在奥赛博物馆里，我们看到的印象派从早期相对比较古典的趣味开始向一种新的色彩观念、光影效果转变，一直到最后点彩派的画法，我们从中可以看到一种趣味的变化，也可以看到非常澎湃的现代气息逐渐涌现。这也是在参观奥赛博物馆的过程中体会到的非常有意思的一种感受。

奥赛博物馆跟卢浮宫最大的不同在于，参观卢浮宫需要事先了解很多的历史、很多的典故。但是相对而言，当我们去参观奥赛博物馆，观看这些伟大印象派艺术家的作品的时候，我们会有一种特有的轻松感，会在他们的创造当中得到极大的快乐。

第三章　大英博物馆

王　加
知名策展人

2016年10月6日，苏州博物馆于新馆建成十周年庆典之际，推出重磅特展——“大英博物馆藏意大利文艺复兴时期素描精品展”，英国伦敦大英博物馆收藏的达·芬奇、米开朗琪罗、拉斐尔和提香等40余位文艺复兴时期艺术大家的49幅珍贵素描手稿在此集中呈献。大英博物馆是世界三大素描及版画收藏中心之一，藏有丢勒、米开朗琪罗、拉斐尔、伦勃朗和戈雅等著名画家的作品，包括5万幅素描和超过两百万张版画，藏品年代从15世纪早期至今。然而，这仅仅是大英博物馆700万余件藏品中的“冰山一角”。

建于1753年，于1759年1月15日起正式对公众开放的大英博物馆位于伦敦罗素广场，是世界上历史最悠久、规模最宏伟的综合性博物馆，与法国巴黎卢浮宫博物馆、俄罗斯圣彼得堡艾尔米塔什博物馆及纽约大都会艺术博物馆并称为世界最著名的四大博物馆。提及“四大”的历史，卢浮宫博物馆和艾尔米塔什博物馆的前身都是皇宫，这两座博物馆的藏品亦曾属皇家收藏；纽约大都会艺术博物馆是美国人纯粹为了打造属于自己的艺术博物馆而建立的。相比起其他三家，大英博物馆的建成应该算是最特殊的一个。因为只有大英博物馆的建筑和收藏不曾隶属于皇家；最初也不是以博物馆的名义而兴建的。事实上，在与工业革命相伴而生，受启蒙运动影响而推动英国文化教育普及的大背景下，大英博物馆的奠基人是一名医生的史实或许也并不令人意外。

对大多数人而言，汉斯·斯隆爵士绝非一个耳熟能详的名字。但若提及67岁的斯隆曾接替牛顿出任皇家学士院院长，并曾任英王乔治二世的御医，就足以表明此人绝非等闲之辈。然而，同时身为博物学家和收藏家的汉斯·斯隆爵士对人类最大的贡献莫过于他的私人收藏直接促成了大英博物馆的建成。他于1753年逝世前留下遗嘱，将他个人收藏的7.1万件藏品，包括数量庞大的自然科学标本和植物标本集、文献手稿、古籍古董、古代与现代钱币、印章纪念章等私藏悉数捐赠给国家。英国议会以市价四分之一的价格（斯隆爵士捐赠的条件是国家支付给他的女儿们2万英镑）收购了全部藏品。经特别颁布的《大英博物馆法》规定："现有的与之后增加的每一件藏品都将永久保存并供后世利用，且保证所有学者和怀有好奇心的人们都能自由观赏。"大英博物馆也由此诞生。

英国最早的博物馆，是于1683年在牛津大学建成的阿什莫尔博物馆，大英博物馆则是世界上首家国立公共博物馆。1759年1月15日，大英博物馆正式对公众开放，成为世界首座免费对民众开放的博物馆，这一光荣传统到21世纪的今天仍在延续。曾任大英博物馆馆长的尼尔·麦格雷戈曾骄傲地宣称："'世界四大博物馆'中唯有我们是免费的。”至于馆内的收藏，则更是大英博物馆闻名全球的资本。当1753年大英博物馆刚建立时，它只有展品7万余件，经过两个多世纪的日积月累，如今已多达700万余件，在四大博物馆中遥遥领先。（一个令人惊讶的事实是，我曾去过数次，却总要迷失在里面且感觉永远逛不完的卢浮宫博物馆仅有40多万件藏品，圣彼得堡艾尔米塔什博物馆有约250万件，而纽约大都会艺术博物馆作为全球单体建筑面积最大的博物馆则有约300万件馆藏。）如今，大英博物馆的展厅分为八大部分，分别是亚洲馆、中东馆、非洲馆、美洲馆、古埃及馆、欧洲馆、古希腊和古罗马馆以及包括钱币、启蒙运动时期藏品等主题收藏的专题馆。“在一幢建筑里看遍人类文明”，可以说是大英博物馆最霸气的宣传口号。

我曾在英国留学多年，大英博物馆是我在闲暇时间最爱去的博物馆之一。因为对于任何一位喜欢世界文明和艺术的人来说，这里藏品之丰富，种类之齐全确实超乎想象。尤记得16岁第一次到大英博物馆参观时，眼花缭乱和目不暇接仍旧是最为贴切的感受。对于未曾有机会前往英国伦敦的读者，我先给大家聊几个参观大英博物馆前的提示，或许会对未来的旅途参观有所帮助。

首先，时间要充足。请给大英博物馆留一整天时间，否则此行将会成为“到此一游”之旅。虽然受到馆址空间所限，现仅有约五分之一的藏品能够呈献在公众面前。不过，700万件藏品中的五分之一在一天时间内已经很难欣赏完了。馆内有3个咖啡厅提供餐饮，为观众在这里泡一天提供了充足的条件。此外，每周五都会有特别的“博物馆奇妙夜”，届时博物馆将开放到晚上八点半。当然，如果计划周五在此待整整一天，一双极其舒适的鞋是必不可少的。相信我，逛博物馆绝对是个体力活。

其次，对喜欢绘画并且想集中看画的人来说，大英博物馆并非首选，因为这里的重点是全世界文明的器物收藏。当然，大英博物馆不是没有绘画收藏，但在常设展厅中展出的数量极其有限，很多都会选择在临时展厅的主题特展中进行集中展示。身在伦敦的人如果想看画，国家美术馆（The National Gallery）和泰特英国馆（Tate Britain）能够满足他们欣赏西方绘画的一切渴望。

最后，提前做好功课。这是参观全球四大博物馆之前都需要的。因为如果两眼一抹黑走进这四家博物馆，卢浮宫和大都会博物馆能够直接让人迷路。大英博物馆虽然面积不算大，但展品的密集度极高，一不留神就会遗漏重点。因此，一定在去之前做一些有针对性的了解，首选最感兴趣的、最想了解的那一部分。这样带着问题去参观，效果比走马观花要强百倍。接下来，在有限的篇幅内，本文将为大家介绍几个到大英博物馆参观时绝不能遗漏的“镇馆之宝”。

一、“埃尔金大理石雕”引发的恩怨情仇

19世纪上半叶，英国完成工业革命，成为世界工厂，海外殖民不断深入。为了扩张帝国，英国与欧陆国家在地中海争夺海上霸权，并在中东地区争夺势力范围。大英博物馆的埃及古物部、希腊罗马部与古代近东部也相继成立。1816年，大英博物馆以3.5万英镑买下“世界上最杰出艺术家的作品”——雅典卫城帕台农神庙雕刻群，这是建馆以来最大的一笔交易。对希腊罗马艺术如痴如醉的背后，正是当时席卷整个欧洲的浪漫主义文化风潮，古希腊文化被

看成“古代文明的高峰”。关于这个被命名为“埃尔金大理石雕”的雕刻群的归属问题，英希两国争吵了几十年，至今仍各执一词。1982年，希腊文化部部长在联合国教科文组织会议上要求大英博物馆归还“埃尔金大理石雕”。自此这一问题便成了当今希腊与英国的头号争执。即使在2004年雅典奥运会期间呼声最高的时候，英国政府也从未松口。英国人认定这个雕刻群是由当时驻奥斯曼帝国大使埃尔金勋爵（托马斯·布鲁斯）以合法手段获取并卖给大英博物馆的，然而希腊人则认定石雕是英国人非法掠夺所得。两国之所以在这个历史遗留问题上僵持不下，主要源于帕台农神庙不仅是个建筑奇观，还是浓缩了希腊古典时期艺术精华的大型展示橱窗，而其顶端的这圈“埃尔金大理石雕”则是帕台农神庙遗迹中当之无愧的“皇冠上的宝石”。

帕台农神庙建于公元前447年，由当时的雕塑家菲迪亚斯设计并监制神庙整体的雕塑与装饰。顶端的南北两侧浮雕包括了半人马之战、亚马逊之战、巨人族之战和特洛伊之战等象征希腊文明伟大胜利的内容。这些雕刻深度仅5厘米的浅浮雕，以精湛的技术表现了层层交叠的平面，每个人物的姿势和服饰均有细微变化，戎装齐整或全裸的骑士刻画避免了浮雕中的单调感，马头和缰绳处都有极其细致的雕刻。根据浮雕中钻孔的细节来看，其原本应带有青铜环甚至彩绘。因此可以想象刚落成时的帕台农神庙是何等精美壮观。东西侧三角楣刻的浮雕装饰还描绘了希腊神话中雅典娜从她父亲宙斯头顶诞生，以及雅典娜和海神波塞冬为争夺雅典守护神头衔的荣誉之战等场景。自落成后的2 000多年来，帕台农神庙虽然饱经战乱并多次易主，甚至神庙的功能都被数次更换，但顶端的这圈浮雕始终安然无恙。在此必须要提及的是，埃尔金勋爵是位极其狡猾，却具有独特眼光的收藏家。他利用职能之便钻了一个两千多年来都不曾有人注意的“大空子”—— 如果这座被希腊人民看作民族文化象征的神庙没在1687年9月26日被迫击炮弹炸毁，他根本没机会下手将浮雕取下来运回英国。

帕台农神庙是因何被炸毁的呢？

15世纪中叶，奥斯曼土耳其帝国占领了希腊，屹立超过两千年的雅典卫城就此成为土耳其人的战利品。不仅如此，由于土耳其信奉伊斯兰教，帕台农神庙被改成了清真寺，钟楼变成了光塔，连神庙旁边一般用来做教堂的厄瑞克修姆庙都被用作伊斯兰教徒的女眷居室。在土耳其人占领希腊之后，威尼斯共和国与奥斯曼帝国展开了长年的鏖战。战火于1687年蔓延到了希腊雅典，威尼斯人兵临雅典城下，包围了卫城。此时的土耳其人耍了个小聪明：他们理所当然地认为基督教徒不会摧毁一栋曾经作为教堂的古老建筑（神庙在文艺复兴时期曾被用作天主教堂），因此将所有的军火弹药挪进了帕台农神庙，使得这座供奉雅典娜的庙宇又多了个新的功能：军火库。然而，土耳其人想错了，因为他们的对手是由一位什么都不在乎的主将统领：在1687年9月26日深夜，瑞典人奥托·威尔海姆·孔宁斯马克（Otto Wilhelm Königsmarck）下令对雅典卫城实施炮击，一枚迫击炮弹击中了帕台农神庙，引发了军火的大规模爆炸……历经2 000年风雨，雄伟恢宏的帕台农神庙从那一刻起荡然无存，仅剩两端的山形墙还顽强不屈地屹立于雅典卫城之上。

1766年出生于苏格兰的埃尔金勋爵25岁时成为外交官，33岁时被派任驻奥斯曼土耳其大使。1801年，他访问了雅典卫城的帕台农神庙。他靠着如簧的巧舌，外加金钱攻势，买得一纸来自君士坦丁堡的考古特许证。他号称与奥斯曼苏丹王有特许协议，只要不破坏古庙的墙体，他可以搬走庙内的任何东西。但他后来向大英博物馆的精选委员会解释说，按照他所谓“本意”，他想的是复制这些无价之宝，而不是掠夺。“土耳其人不断地污损那些雕像的头部，有几次他们还明确承认敲碎了雕像，好把它们变成砂浆。我感到痛惜，并搬移尽可能多的雕像，原先我没计划带走任何东西，除了我的模型。”

1802年，埃尔金将神庙正面157米长大理石雕带中的74米，92个墙面中的4个，山形墙上的17个雕塑，以及来自伊瑞克提翁神庙的一尊美慧女神像，装上了“指导者号”运回英国。或许埃尔金勋爵因非法掠夺遭了天谴，船只在进入地中海时因遭遇风暴而沉没，他只好又花费巨资雇了一大批潜水员，用长达三年的时间将沉入海底的货箱逐一打捞出水。其间恰逢拿破仑对英国开战，1803年他被法军俘虏蹲了三年监狱，后来又感染疫病烂掉了鼻子，妻子也与他离婚了。在遭受了一系列磨难之后，这批无价之宝直到1811年才终于运抵英国。

尽管这批浮雕运抵英国时遭到了巨大的质疑，尤以拜伦勋爵为首的名人纷纷出面指责此行径为“赤裸裸的抢劫掠夺行径”，但木已成舟。舆论的谴责仍不能阻止他在4年后债台高筑时将所有浮雕以他要价的一半（3.5万英镑）卖给了英国政府，并于同年移交至大英博物馆永久收藏。浮雕于1817年首日开展便让博物馆打破了有史以来的单日参观人数纪录。当时初出茅庐的诗人济慈在参观过程中倍感震撼，直呼“目眩的苦涩”。两年后济慈再度来访，在平复心情之后提笔写下《希腊古瓮颂》：

哦,希腊的形状!唯美的观照!
上面缀有石雕的男人和女人,
还有林木,和践踏过的青草;
沉默的形体呵,你象是永恒,使人超越思想:
呵,冰冷的牧歌!等暮年使这一世代都凋落,只有你如旧;
在另外的一些忧伤中,
你会抚慰后人说:"美即是真,真即是美。"[1]

尤其是最后这句"美即是真,真即是美",自此成为济慈最著名的美学箴言。

1848年,大英博物馆按照帕台农神庙的外观修建了相似的博物馆正立面。如今,"埃尔金大理石雕"毫无疑问成为大英博物馆首屈一指的"镇馆之宝",是吸引全球数百万艺术爱好者每年蜂拥而至的世界文化遗产。而为了回应英国人的"英国具有全世界最好的保护文物的物质条件和专业经验",以及"大英博物馆的展品并不只属于大英博物馆,而是属于全人类,对所有人开放"这两大拒绝归还的理由,希腊人以极快的速度于2009年在雅典卫城山脚下盖起了新卫城博物馆。我曾两次到新卫城博物馆参观,平心而论,无论是建筑本身、展陈设计还是藏品数量与质量,它绝对是一座世界级博物馆,馆内的现代化程度甚至超越大英博物馆,唯一欠缺的就是"埃尔金大理石雕"。整个新卫城博物馆的顶层环绕着落地玻璃窗,可遥望雅典卫城,是专门为未来迎回帕台农神庙浮雕的展陈所建的展厅。尽管距

1 引自《希腊古瓮颂》,济慈著,穆旦译。

离希腊政府从大英博物馆将所有浮雕原作悉数请回依旧遥遥无期，此举却显示出希腊人对自己国宝的尊重和执着。馆内不允许拍照，观众唯有在它的镇馆之宝《伊瑞克提翁神庙的少女柱》前才可以留影。巧合的是，在馆藏陈列的6座少女像柱当中，有5座都是真品，唯独缺失的一座正收藏于大英博物馆当中。如果以后有机会前往雅典卫城和新卫城博物馆参观，你就可以理解为什么希腊人一直不遗余力地讨要他们的国宝了。

曾在英国留学多年的我，已站在石雕前近距离观看过太多次，虽然这比起放置在神庙顶端要更加便于观众欣赏，但每当我置身于雅典卫城，望着那些残破的大理石柱和早已被挖空的顶梁，想着这座曾盛极一时却支离破碎的伟大建筑时至两千五百年后的今天依旧要面对“骨肉分离”的命运，甚至永难破镜重圆，心中总有一份苦涩。或许，这将成为希腊民族永恒的遗憾吧。

至于埃尔金勋爵，他除了从希腊雅典把帕台农神庙石雕弄回了英国，他的儿子詹姆斯·布鲁斯，第八代埃尔金勋爵也延续了掠夺别国财物的家族传统，因为他正是火烧圆明园时的英军头领（火烧圆明园的相关史料中将他译为额尔金）。他父亲从希腊弄走了“埃尔金大理石雕”，他儿子率领着英军洗劫并火烧圆明园。连跨国的文物强盗竟也能子承父业，也算是奇观了。

二、“一年一会”的《女史箴图》

犹记得初次迈进大英博物馆中国馆之时，我的参观以瞠目结舌开头，以愤恨结尾，甚至当天拍摄的所有照片都是绷着个脸。或许每一位中国人在走进中国馆展厅时心里都不是滋味。在那个时刻，你会特别理解希腊人的心情。大英博物馆是公认的藏有最多我国文物的外国博物馆。大不列颠的骄傲，反映出的则是我们那段不堪回首的历史。相比起希腊馆和古埃及馆，中国馆的面积较小，这并非是因为他们当年掠夺我们手下留情，而是东西太多无处摆放。所展出的仅是约2.3万件我国文物中极少的一部分，另外约十分之九都存于库房，除非得到特别许可，否则一般游客无缘得见。摆出来的展品以经卷、器物为主：商周青铜器、魏晋石佛经，到唐宋元明清各时期的瓷器、玉器、漆器和雕塑等，甚至连敦煌壁画和数米高的石佛像都被切割之后在此重组陈列。在令人眼花缭乱的同时，内心的苦涩或许也只有我们国人能够理解吧。

接下来要谈的这件“镇馆之宝”，哪怕抛开学术价值和珍惜程度等不谈，都是唯一一件需要选日子才能亲眼看到的展品。这份待遇，别说大英博物馆了，貌似全球任何一个馆的镇馆之宝都没有。它就是现存已知最早的中国画长卷之一，全球最著名的中国传统书画作品之一——《女史箴图》。

据记载，《女史箴图》最初出现于宋徽宗时期，而后在数百年的传世经历中辗转于多人之手，也曾为大收藏家项元汴所有，最终在清朝得以进宫被乾隆皇帝拥有。乾隆非常喜欢这幅作品，于1746年对它进行了重新装裱，并给画加了题跋，还添上了一幅他手绘的兰花。而乾隆热衷于在书画作品上“盖戳留念”，这一恶习更是在《女史箴图》上展现得淋漓尽致。由于项元汴已经在上面盖了50个收藏印，贵为天子的乾隆爷自然不甘人后，毫无半点犹豫地在《女史箴图》上盖了37个收藏印。最值得一提的是，这37个收藏印还是在他当政的

60年内，于不同时期、不同场合加盖上去的，他对这幅画的偏爱可想而知。自乾隆皇帝去世后，《女史箴图》一直被收藏于紫禁城建福宫花园，慈禧太后时期被移往颐和园。

在1899年义和团事件之后，八国联军于次年进京，驻颐和园的英军第一孟加拉骑兵团的克劳伦斯·K.约翰逊上尉趁乱将《女史箴图》盗走。当约翰逊于1902年回到伦敦后，对《女史箴图》的价值毫无认知的他把《女史箴图》拿到大英博物馆，竟是为了让馆员给画轴上的玉扣估价。时任大英博物馆绘画部的管理员意识到了这幅画的价值，于是以区区25英镑的"白菜价"从约翰逊手中购得。从此，我们的国宝《女史箴图》正式流落到了大英博物馆的馆藏当中。

《女史箴图》究竟珍贵在何处呢？

作为大英博物馆最重要的藏品之一，《女史箴图》这幅里程碑式的作品几乎出现在全球所有介绍中国文化和艺术的书籍中。在英国BBC与大英博物馆制作的广播节目《一百件展品了解世界历史》中，这幅作品名列第39位。作为留存下来的最早的、保存相对良好的绘制在丝绸上的手绘画，《女史箴图》将高水准的诗歌、书法和绘画呈现在一起，是集教化与审美于一身的成功典范，并预示着中国绘画由重教化到重审美的转型，在中国艺术史上有着重要的划时代意义。女史在当时是一种官职名，是宫廷中侍奉皇后，专门记载言行和制定宫廷中嫔妃应遵守制度的女官。此幅作品本是顾恺之根据晋代诗人张华于公元292年所作《女史箴》一文绘制而成，画中的诗歌作于公元3世纪。西晋惠帝昏庸无为，国家大权被其夫人贾氏独揽。贾氏凶残擅阴谋，朝中大臣张华觉得自己有责任劝谏她，便收集了历史上各代先贤圣女的事迹写成九段《女史箴》。意在规劝教育宫廷女子，告诫皇帝后宫中包括贾氏在内的女性应尊崇妇德，并遵循儒家思想。关于大英博物馆这幅《女史箴图》的出处，根据数十年来的研究，目前学术界已经公认它是唐代摹本，非顾恺之真迹。即便如此，它仍以极高的历史价值、学术价值以及辗转流传的坎坷经历无可争议地成为大英博物馆的“镇馆之宝”之一。然而，即便我在英国生活多年，也一次都没看到过我国这幅传世国宝。原因很简单，大英博物馆以文物脆弱易损为名，“金屋藏娇”，几乎不拿出来展览。

2014年，《女史箴图》在封存6年之后终于再次在大英博物馆亮相，却仅展出一个月。根据大英博物馆的计划，这幅国宝以后每年都会有八周的展期，但为了不让展品长时间暴露在光线下，展出的这一个多月也将分为三段。展出之外的时间，这幅画作都将原地覆盖保存于黑暗中。画作将被陈列在为它特制的盒子和展柜内，这个盒子位于大英博物馆的第91号展室。珍贵如《蒙娜丽莎》，待遇跟《女史箴图》一比都显得天差地别，毕竟你无论任何时候去参观卢浮宫博物馆，《蒙娜丽莎》都挂在那里；而去大英博物馆看《女史箴图》，你得提前选好日期。如果有读者计划前往英国参观大英博物馆，尤其是喜欢中国传统绘画，希望一睹国宝真容的人，那么务必在启程前去大英博物馆官网查询一下当年的作品展示时间，避免千里迢迢赶去扑空。

和大英博物馆执意不归还帕台农神庙的“埃尔金大理石雕”不同，据说在第二次世界大战期间，英国政府为感谢我国军队在缅甸解除日军之围，曾有意让我国在顾恺之的《女史箴图》与一艘潜水艇中选择一项作为谢礼。遗憾的是，在当时的战乱背景和客观条件之下，民国政府选择了潜水艇。因此，如今想看《女史箴图》真迹，只能掐好时间点远渡重洋飞往大英博物馆一睹真容了。

三、《死者书》，并不是一本书

在上映于2001年，全球大热的埃及主题影片《木乃伊归来》中，曾有一段剧情发生在大英博物馆。虽非实景拍摄，但有一段镜头仍令我记忆犹新：当主人公瑞克拿着枪走过摆满了木乃伊木棺的展厅时，突然间所有木乃伊被大祭司的魔咒唤醒，并开始攻击他们。那是我在留英期间第一次前往电影院观看首映的影片，而在观影当日的上午，我刚在大英博物馆中的埃及馆逛了个够。也正因此，电影中所有木棺中木乃伊悉数坐起来的那一幕，导致我在很长一段时间内对埃及馆都有心理阴影。

分享这段经历的原因在于，正如影片中所描述的，大英博物馆的埃及馆一直以全世界屈指可数的丰富埃及文物馆藏笑傲群雄，其最值得称道的木乃伊收藏也仅有埃及本土能够超越。我国出土的著名马王堆女尸和这些比她早几千年的古尸相比，竟显得年轻了不少，足见古埃及文明的悠久。事实上，由于古埃及文明的神秘以及大量木乃伊题材影片的面世，全世界博物馆中的古埃及展厅往往是馆内聚集游客最多的场所。大英博物馆中的"镇馆之宝"自然少不了古埃及的藏品。充满神秘色彩的《死者书》便是其中最珍贵的收藏。

虚实相间的影视作品为了创造故事性、艺术性和视觉效果，往往会修改部分史实。比如《达·芬奇密码》的结局部分提到的倒置小金字塔的下方埋着圣母玛利亚，一时间引得全球影迷争先恐后地前往“朝圣”，但事实证明这是虚构的。同理，在《木乃伊归来》中，一本巨大的全黑色书籍出镜数次，任何人在朗诵书中咒语后都能将死者复活，片中称之为《死者书》。然而，在现实当中的《死者书》并没有让人复活的神奇功能，它甚至不是一本书。

作为逝者的陪葬品之一，《死者书》是古埃及所流传下来最著名的文献——以记载死者生平好恶，为获永生所必经的各种磨炼、审判、所需的咒文以及到最后获得永生的画卷。早期埃及人相信，亡灵进入冥界后要面对各种恶魔和黑暗。而《死者书》则是来帮助死者在来世渡过难关、得到永生的咒语；同时还有对人们安享后半生的一些忠告建议，以及对死者在阴间和来世“保驾护航”的咒语而非对盗墓者的诅咒。这些咒语都会书写在纸草上，由大祭司朗诵后再放进每个棺木中。也就是说，每个古埃及木乃伊都会配备一份相应的《死者书》，以求入土为安，从而走向复活之路。《死者书》的基本历程为：离开自己的肉身，在古埃及文明中身为亡灵引导者和守护者——狼首人身的阿努比斯引领下，通过地狱及黑暗的试炼来到诸神及审判官前，通过冥界之门进行“秤心仪式”。所谓“秤心仪式”，就是在秤的左端放上亡者的心脏，另一端是正义，由公理女神玛特的化身——一根羽毛——作为象征。总结亡者一生感情、知识与个性的心脏若是和羽毛重量不等，则是不公不义，亡者就会被秤下面那头凶猛的半狮、半鳄、半河马的怪物生吞。假设审判成功（每一份《死者书》都是以审判成功的假设来绘制的，用来保佑亡者），亡者则会被带到冥王奥西里斯面前，随后搭乘太阳船，航向复活之路，并在来世开启美好的生活。这才是充满神秘色彩的《死者书》的真正含义与功能：此书并非只此一本，而是人手一份。

大英博物馆收藏有20余件写在纸草上的《死者书》，其中最著名的便是《阿尼的死者书》，它作为陪葬品放在阿尼的墓中，全长78米，包含了《死者书》的绝大部分内容。成书年代据考证约在公元前1250年的古埃及十九王朝（公元前1292年至公元前1187年）。虽然在被大英博物馆收藏前已经被均匀切割成37页而导致部分损坏，它仍被认为是所有出土的《死者书》中保存最好、内容及注解最完整的版本，堪称古埃及艺术的极致之作。《阿尼的死者书》大致由两部分组成，第一部分包括写给太阳神拉、冥王奥西里斯的赞美诗，以及对审判大殿的描述；第二部分则是每份《死者书》所必备的基础内容。《死者书》之所以珍贵，源于目前在被发掘出来的版本中，只有《阿尼的死者书》开篇是对太阳神拉的赞美诗，其他则是以冥王奥西里斯的图片或赞美诗作为开篇。

除《阿尼的死者书》以外，大英博物馆还收藏了第十九王朝御用书记官胡奈夫的《死者书》。鉴于《死者书》多是由古埃及的专业书记官和艺术家所撰写、绘图，身为公元前1290年至1279年第十九王朝塞提一世在位时的御用书记官，《胡奈夫的死者书》无疑是具有代表性的杰作之一，因为它极有可能是他本人亲手所写。我曾前往慕尼黑于2015年新建的埃及艺术国家博物馆参观，在展览当中，我曾欣赏到陈列于高科技展柜中的另一套《死者书》，名为《帕胡荷鲁的死者书》。或许其在艺术地位上不及大英博物馆收藏的两部，但慕尼黑埃及艺术国家博物馆收藏的这部《帕胡荷鲁的死者书》让观者有着完美的观赏体验。因为德国人不仅将整篇《死者书》平铺陈列在展柜中，还运用高科技将所有内容翻译解读后录入电脑系统。根据展厅管理人员的演示，在展柜的下方有一个可移动电子屏幕，观者可以手扶电子屏平行移动，屏幕中《死者书》的内容会随着你的移动而改变。当你静止时，屏幕中会显示当前《死者书》从图示到文字的所有内容。出于好奇，我在这一展柜前体验了很久。不得不承认，通过高科技手段所设计出的展陈方式使得观者有了前所未有的观展体验。根据个人亲身体验，如果想一睹部分《阿尼的死者书》，大英博物馆则是你必到之地；但如果你真的对古埃及《死者书》有着浓厚的兴趣，想要详尽地弄清楚其内容究竟是什么，那么必到之地则是慕尼黑埃及艺术国家博物馆。

四、拉美西斯二世头像

除了上述《死者书》，大英博物馆的古埃及馆还藏有最著名法老之一——拉美西斯二世的头像。

高达2.67米的拉美西斯二世头像来自底比斯的拉美西斯神殿，是拉美西斯二世生前接受敬拜，死后被当作神灵永世崇拜的庙宇。在他统治期间，埃及国力空前强盛，当他逝世后则开始迅速走向衰败，古埃及王权依次落入利比亚人、努比亚人、波斯人和马其顿人之手。1817年，在济慈参观大英博物馆的同年，诗人雪莱也曾到访。虽同为诗人，但二人的审美与感悟却截然不同。济慈对帕台农神庙的“埃尔金大理石雕”赞不绝口，而雪莱则对拉美西斯二世的巨型头像情有独钟。熟知古希腊历史的他在观赏之后写下了著名的《奥兹曼迪亚斯》(奥兹曼迪亚斯是拉美西斯二世的希腊语名字)，来抒发他心中对世俗权力在时间面前转瞬即逝的感触。

我曾遇一位行客来自遥远古国，
说道：不见了身躯，两条巨大石腿，
矗立沙漠中……其附近，还半掩着
一张破碎的石像面孔。他的蹙眉
皱裂嘴唇，颐指间的轻蔑与冷漠，
足见雕刻师参透了那位主人
迄今留在石雕中的情欲、热望。
湮没了刻绘的手，心也化为灰烬，
在那基座上，隐约可见如下铭记：
“吾乃奥兹曼迪亚斯，万王之王，
看我的伟业，枭雄们呵，望尘莫及！”
此外荡然无存。在这巨大废墟周遭，
惟留下荒凉一片，且无边无际，
这平沙落寞，伸向远方的寂寥……[1]

五、罗塞塔石碑

在拉美西斯二世雕像的左后方，陈列着著名的罗塞塔石碑。

该藏品是拿破仑溃败后，英国在埃及最珍贵的收获。这块制作于公元前196年，高1.14米，宽0.73米，外表看起来毫无特色的黑色玄武岩，有着划时代意义。上面雕刻的文字是埃及国王托勒密五世诏书，内容与今日的政府颁布的法律法规并无二致。它的重要性在

1 引自《奥兹曼迪亚斯》，雪莱著，张崇殷译。

于将同样的内容用三种不同的语言记录下来：上端为古埃及语的圣书体，是早已失传的祭司专用象形文字；中段是世俗体，属于平民日常生活用的通俗文字；下端则是官方的古希腊语。通过对照三种语言，近代的考古学家得以有机会解读出已经失传千余年的埃及象形文之意义与结构。这是研究古埃及历史的重要里程碑。将其命名为罗塞塔，则象征着它是揭开谜题的关键密钥。

希望上述几件我精选的大英博物馆的“镇馆之宝”，能为大家日后前往伦敦参观提供一些观展中的侧重点。作为全球四大博物馆之一，大英博物馆确实值得花一天时间细细品味。而且随着年龄增大和阅历增长，无论你造访多少次，那些宝贵的世界文化遗产将永远让你常看常新。

第四章　英国国家美术馆

王　加
知名策展人

谈到英国，我们脑海中会浮现出很多关键词：雾都、绅士、福尔摩斯、贝克汉姆、007等等。对于前往英国伦敦旅游的游客来说，无论是跟团还是自由行，有一个景点是必到之处，那就是坐落于伦敦市中心的著名的特拉法尔加广场（Trafalgar Square）。广场于19世纪初为纪念著名的特拉法尔加港海战而修建。1804年拿破仑在法国执政后，迫使西班牙舰队同他一道渡海进攻英国，纳尔逊将军指挥的英国海军舰队与法、西联合舰队，在西班牙的特拉法尔加港海面上遭遇。尽管英国舰队在这场海战中大败法、西舰队，创造了以少胜多的经典战例，但纳尔逊将军在战役结束前身中流弹而牺牲，他也因此被英国人民尊崇为英雄。在特拉法尔加广场的南端，他的纪念石柱直耸云霄，他本人的铜像则屹立于石柱顶端，是伦敦的标志性建筑。在特拉法尔加广场的北边不远处，就是令所有留学生都倍感亲切的唐人街，这里是找寻家乡美食并购买调味料的不二之选。广场的东北侧则是全伦敦最著名的科文特花园区，英国皇家歌剧院、无数大小音乐剧院和戏剧场都坐落在此，是伦敦戏剧的中心。广场西侧走不到十分钟便是风景秀丽的女王后花园——圣詹姆斯公园，除了景色宜人之外，这里最大的特色就是可以喂鸭子、大雁、天鹅和松鼠等动物。这里的松鼠并不怕人，甚至会扒着行人的腿“讨要”食物。顺着特拉法尔加广场一直往南下，便是唐宁街十号、国会大厦、西敏寺和大本钟等伦敦的政治与文化符号。这么多关于特拉法尔加广场的周边情况，清楚地表明了这里的地理位置毫无疑问是黄金地段中的核心。而本文将要介绍的英国国家美术馆（The National Gallery，又译为国家画廊），就坐落在特拉法尔加广场。

在众多欧洲著名国家博物馆中，英国国家美术馆绝对是个特例。它不同于巴黎卢浮宫博物馆、佛罗伦萨乌菲齐美术馆、慕尼黑巴伐利亚国家老绘画陈列馆和维也纳艺术史博物馆等创办前就拥有丰富皇室贵族收藏的博物馆和美术馆。伴随着18世纪欧洲大陆一波艺术机构创建热潮，巴伐利亚的皇家收藏于1779年开始对公共开放（今天的慕尼黑巴伐利亚国家老绘画收藏馆的前身）；1789年，佛罗伦萨美第奇家族的收藏（如今的乌菲齐美术馆）也开始对公众开放；卢浮宫的法国皇室收藏也于1793年对公众敞开了大门。而国家美术馆却是以身为艺术爱好者的商人和收藏家们想要和公众分享其艺术私藏的初衷所创立的美术馆。正因为国家美术馆是英国大资产阶级支持文化的成果，所以其发展也别具一格：先建馆，再购买艺术品。尽管位于伦敦的国家美术馆并非首个向公众开放的专门陈列绘画作品的美术馆。然而，于1824年5月10日正式开馆的国家美术馆却是世界上第一个从规划初始就被列入公共事业的美术馆。当重新翻阅建造美术馆的初始资料时，身处21世纪的我们会被其现代性和远见性震撼。比如美术作品的收藏并不仅是为了培养艺术家或者博得有修养观众的一时愉悦，更是为了将其献给那些没有能力收藏这些画的个人。时至今日，国家美术馆除特展之外仍然免费开放，这点和大英博物馆一样。此外，国家美术馆还是全世界第一个向儿童开放的美术馆，这不仅是出于对少儿的爱护，更是为了让当时那些请不起保姆和仆人来照看孩子的人们也能够前来参观。由于初址面积较小，比较拥挤，也为了使更多的对绘画艺术一窍不通的人能参观美术馆，国家美术馆于1838年迁址到今天的特拉法尔加广场。和慕尼黑巴伐利亚新绘画收藏馆"从戈雅到毕加索"的口号不同，国家美术馆的口号更为霸气："从乔托到塞尚。"它囊括从13世纪中期到20世纪西欧各画派的作品，馆藏超过2 300件的绘画收藏横跨整个西方美术史，毫无疑问是当今世界上拥有西欧绘画作品最多、最全面、最具代表性的美术馆之一。另外自2014年起，国家美术馆开放了对展厅内的拍摄。虽然自拍杆、三脚架和闪光灯依旧是严令禁止的，但与十几年前根本连相机都不能带进去相比，如今的限制已经放宽太多了。

一、文艺复兴的瑰宝

在国家美术馆西侧的赛恩斯伯里翼楼（Sainsbury Wing）里，有庞大的纪念品店。其中除了有馆内根据名作所开发的各类文创产品之外，关于绘画类的书籍也可以说是一应俱全。顺着纪念品店往里走，再下一层就是收费的特展区域了。国家美术馆每年全部的收费特展均在此举办，除了布撤展期间之外这个区域几乎全年无休，这里呈现过无数西方绘画大师的展览：米开朗琪罗、伦勃朗、提香、德拉克洛瓦等等，可以说是个个精彩。除了展品价值连城之外，每个特展的策展理念和展陈方式也极其考究。当然，任何优秀的策展团队必然离不开好的藏品，拥有无数西方绘画精品的国家美术馆在这一点上堪称具有得天独厚的条件。

在赛恩斯伯里翼楼纪念品店的上层，13至15世纪多位文艺复兴时期的大师名作陈列在此。毫不夸张地说，英国国家美术馆的文艺复兴绘画收藏堪称是意大利本土之外最丰富的，也是佛罗伦萨乌菲齐美术馆之外最集中的收藏。这个区域足以让任何热爱文艺复兴时期绘画的艺术爱好者过足瘾。

（一）扬·凡·艾克《阿尔诺芬尼夫妇像》

在西方绘画史中，有两位对西方绘画艺术具有开拓性意义的鼻祖级画家，分别是意大利的乔托和尼德兰的扬·凡·艾克［尼德兰就是今天荷兰（Netherlands）的音译］。几乎所有介绍西方美术史的艺术类书籍的前几页肯定都是这两位的作品。扬·凡·艾克最著名的《阿尔诺芬尼夫妇像》就收藏在英国国家美术馆赛恩斯伯里翼楼的第56号展厅中。

如果要列选“镇馆之宝”的话，这幅作品则毫无疑问将名列三甲。然而，当距原作咫尺之距，你才发现这幅作品比想象的要小很多。画前也不像《蒙娜丽莎》或《向日葵》等名作前那样围满了人，这很正常，因为除了学习美术或研究美术史的人，普通观众很少会关注这幅年代久远的作品。然而，大众的关注度低并不意味着作品缺乏价值。站在画前，我最初的印象有以下几点：首先，画面尺幅小；其次，颜色鲜艳；最后，作者在极小的尺幅上展现出极其精妙的细节。画中的主人翁是1420 年被菲利普公爵封为骑士的阿尔诺芬尼及其新婚妻子。这幅画应是为二人结婚或订婚而创作。二人表情专注且严肃，身处文艺复兴早期的扬·凡·艾克显然在描绘人物神态时还未能完全摆脱中世纪作品中为了推崇神性而不允许展现人类情感那“面无表情”的画风。阿尔诺芬尼举着右手，表示将终生爱他的妻子。女方则虔诚且略带羞涩地微低着头，伸出右手放在丈夫的左手上，意指爱的誓言和对婚姻的忠诚。奢华的吊灯、地面的丝毯以及二人考究的服饰真实地反映了当时富裕资产阶级的生活状态。画中最精致的部分是画面中心悬挂在墙上的凸面镜。镜框装饰画的内容为十幅《耶稣受难图》，从镜面中反射出夫妇二人的背影及主人公之外的其他人物，既体现出房间的空间感，还勾勒出了观画者的位置。这幅作品完成于1434年，并在很长一段时间内被西班牙宫廷收藏。1656年，西班牙绘画大师委拉斯开兹在他的名作《宫娥》中重现了通过镜面映射画中人的画法。鉴于委拉斯开兹身为宫廷画师并居住在马德里皇宫中的史实，艺术史学者推断他很有可能亲眼见过这幅《阿尔诺芬尼夫妇像》，并在《宫娥》中如法炮制。在凸面镜的上方，写着“扬·凡·艾克曾在这里”，既巧妙地留下了自己的签名，也间接证实了画家身在现场。或许，镜中站在身着淡蓝色裙装女士身后的便是作者本人吧。

除了精致的细节刻画，扬·凡·艾克还在《阿尔诺芬尼夫妇像》这幅画上采用了一种新的油色画法，使画面能长时间保持色泽鲜艳，这也就是为什么在近六个世纪之后画面依旧亮丽。曾有学者称他是油画的最初发明者，这个推断如今尚未有定论，但他在对油画颜料的改革，尤其是将颜色与稀释过的油调和用色的艺术效果方面是不容置疑的先驱。根据佛罗伦萨美术史学家、画家乔治·瓦萨里的记载，扬·凡·艾克用快干油来作画，能使画面在一昼夜间干燥而且不怕潮湿，使过去必须一次完成的蛋彩画彻底转变为近代油画。而改革后的颜料还可以多次敷色，使用起来流畅自如，且易于改变思路后的涂抹修改。画面的色彩也有了脱胎换骨的剧变，从而让那些色彩灿烂明亮的绘画得以流传至今。这种崭新的技法之后很快传到了意大利，活跃于扬·凡·艾克之后的意大利文艺复兴绘画巨匠们则都成为受益者。《阿尔诺芬尼夫妇像》不仅是新型油画表现方法的最初尝试，也是后来风靡尼德兰和佛兰德斯地区的风俗画和室内画的最早例证。比他晚几个世纪的荷兰黄金画派大师们，包括格里特·德奥（Gerrit Dou）、维米尔（Johannes Vermeer）、彼得·德·霍赫（Pieter de Hooch）等都或多或少地沿袭了扬·凡·艾克对室内画细节描绘的精湛技艺。如果大家有朝一日前往国家美术馆，一定要在文艺复兴展区中仔细寻找这幅看似不起眼，却对西方美术史有着重要意义的作品：扬·凡·艾克的《阿尔诺芬尼夫妇像》。

（二）两幅达·芬奇画作

看罢扬·凡·艾克的《阿尔诺芬尼夫妇像》，穿过陈列有波提切利、菲利波·里皮（Filipo Lippi）等文艺复兴大师作品的第57号展厅，便是专属于达·芬奇的第66号展厅。在整个国家美术馆中，拥有自己专属房间的画家屈指可数。达·芬奇、拉斐尔、伦勃朗算是仅存的几位。然而，只有达·芬奇的《圣母子与圣安妮，施洗者圣约翰》是一幅画独占一个单间的，其地位就不言而喻了。

《圣母子与圣安妮，施洗者圣约翰》是整个国家美术馆中最珍贵且最脆弱的画作之一，是根据原作大小将8块碎片粘在一起复原而成的。鉴于这幅作品对保存条件要求极高，展陈的小房间内一片漆黑，只有两盏极弱的暗射灯，就是为了防止强光或日光破坏本就已极其脆弱的画作。这幅反映了15世纪文艺复兴时期佛罗伦萨最流行的圣母子主题的作品呈现出极其紧密且复杂的金字塔构图。画中的金字塔状构图方式对拉斐尔和后世画家均有着巨大影响。由于达·芬奇过于多才多艺，集画家、建筑设计师、雕塑家、数学家、音乐家、军事家、发明家、物理学家、解剖学家、生物学家等头衔于一身，还均有开创性的研究成果，因此虽然他存世的作品不少，却鲜有完成的。这幅极其珍贵的《圣母子与圣安妮，施洗者圣约翰》便是一幅未完成之作。它不仅没画完，还曾于1987年遭到一个精神错乱的女子开枪，连中数弹。得益于极其成功的修复工作，作品表面没有留下任何被损毁的痕迹，或许这也是国家美术馆将这幅作品单独陈列并安排专人看管的缘由。相比之下，另一幅摆在外面的《岩间圣母》虽然待遇不及前者，且并非完全出自达·芬奇本人之手(画中人物衣袖的褶皱和部分风景出自他的助手)，但终究未被破坏，算是非常幸运。这两幅达·芬奇的真迹也成为国家美术馆一道亮丽的风景线。

(三) 两面墙的拉斐尔作品

在如此多的博物馆和美术馆中，能够“一网打尽”看到多幅拉斐尔作品的也屈指可数。每到这时，就不得不承认坐拥拉斐尔收藏多达两面墙的英国国家美术馆确实是“有货，任性”了。

《亚历山大的圣凯瑟琳》《加瓦圣母》《安西帝圣母》《寓言》《粉色圣母》等多幅真迹摆了整整两面墙，甚至还有一幅著名的、受到瓦萨里和16世纪其他文献高度评价的《教皇朱利欧二世》画像摆在了和威尼斯画派相邻的展厅……显然，多幅重要的拉斐尔真迹收藏也奠定了国家美术馆在世界博物馆美术馆界独一无二的地位。几幅画中充满着人性光辉的慈祥圣母、胖乎乎可爱的天使与圣婴，均体现了拉斐尔在作品中把神灵进行了“由神到人”的诠释，这种转变反映了文艺复兴时期绘画与中世纪宗教绘画的根本区别，并在拉斐尔笔下，以那种吸收了威尼斯画派细腻色彩与柔和色调的绘画技法达到巅峰。在西方世界里，信仰是所有经典艺术的灵魂。而比起中世纪宗教绘画中崇尚的“面无表情”，诸神灵在拉斐尔的解读中是有血有肉的。拉斐尔笔下闪烁着人性光辉、充满慈祥柔和神态的典雅圣母历来在西方绘画史中被称为“美丽的和谐”。宗教中“引人向善”的精髓被拉斐尔精妙的绘画技巧展现得淋漓尽致，以至于在画家逝世5个世纪之后，我们距其画作咫尺之遥，却依然能从原作中感受到大师试图传递给观者的深厚情感与感染力。

二、质与量俱佳的威尼斯画派收藏

在文艺复兴展区之后，值得一提的便是威尼斯画派的区域了。威尼斯画派在国家美术馆中的地位十分重要，以至于连纪念品店销售的介绍馆藏的画册都是以威尼斯画派奠基人贝利尼最出类拔萃的《总督莱昂纳多·罗雷丹》肖像做封面。国家美术馆的威尼斯画派展区囊括了威尼斯画派所有巨匠的诸多经典画作。但是，究竟该如何定义威尼斯画派呢？

可以从如下几方面简明扼要地概述一下何为威尼斯画派：首

先，画派成员大都是威尼斯“土著”或出生于城市近郊；其次，画家相互间有着明显的传承关系。在15世纪末至16世纪初，贝里尼是威尼斯城毫无争议的绘画翘楚，连德国史上最伟大的画家丢勒在游历水城时都专程来拜访年迈的贝里尼，还称赞他“虽年事已高但画艺仍旧精湛”。乔尔乔内（《三王来朝》）与提香（《节俭的寓言》）都曾在贝里尼的工坊中做学徒，亦师亦友的二人共同创作了多幅作品。乔尔乔内33岁便撒手人寰，有很多作品都是在这之后由提香“被迫”补画完成的，如那幅陈列在德国德累斯顿古典大师画廊中的著名的《熟睡中的维纳斯》。活了近90岁的提香，比相传死于16世纪席卷欧洲的黑死病的乔尔乔内有一个巨大的优势——长寿，长寿代表着无限可能。这优势不光表现在个人绘画的成熟与发展上，还体现在对同时代及后辈的影响中。在提香55岁时，他的绘画工坊来了一位新的学徒工，名叫丁托列托（《银河的起源》）。不过，他仅待了10天便被提香请出了工坊，理由未知，根据二人存世画风的异同来看，艺术史学家普遍推测提香在年少的丁托列托作品中看到了其极强的独立性——他具有成为职业画家的潜质，因此不该仅作为普通学徒依附于师傅谋生。列数威尼斯画派鼎盛时期的大师们，唯一处于这个师承体系之外的是“外乡人”委罗内塞（《亚历山大面前的大流士家人》《抹大拉的玛利亚的转变》）。他并非土生土长，身处上述传承系统之外，其作品却仍能被归为威尼斯画派，最关键的原因，也就是威尼斯画派的精髓所在——都以擅用亮丽明艳的色彩著称。自威尼斯画派开始，西方美术史也步入了一场源于色彩的传承与进化史。威尼斯画派以其鲜艳明快的色彩对西方艺术史产生了难以估量的影响。自乔尔乔内开始，风景画开始从纯粹的装饰性背景走向前台，从此“绿叶变红花”，逐渐成为画面中不可或缺的部分，并最终自成一派，有了独立的体系。随着提香晚年受聘于西班牙国王菲利普二世，威尼斯画派对委拉斯开兹的画风又有了直接影响，并经由鲁本斯爵士将影响传遍欧洲。如今，无论我们欣赏以德拉克洛瓦为首的法国浪漫主义作品、透纳领衔的英国风景画派还是众星云集的印象派，都能从中找到威尼斯画派那标志性的明艳色彩所留下的痕迹。

三、萨克勒房间——透纳与康斯太布尔之争

既然来到曾经的大不列颠王国首都伦敦，就必须要好好看看纯正的英国绘画。在2012年007系列电影中的《007：大破天幕杀机》（*Skyfall*）一个片段中所取景的房间，是英国国家美术馆东部尽头的第34号萨克勒房间（Sackler Room）。迈进展厅后，墙的两侧分别为透纳和康斯太布尔的名作所占据。二人究竟谁才是英国最伟大的画家？这个问题无论何时何地出现，哪怕在二人去世一个多世纪的今天，都会带来无止的争论。同国籍、同时代、同职业，甚至连绘画题材都以风景画为主……孰优孰劣？当真是仁者见仁，智者见智。而在国家美术馆的萨克勒房间中，仿佛连策展人都别有深意地将二人的传世之作相邻而置。《007：大破天幕杀机》中007和Q博士所面对的这幅画名为*The Fighting Temeraire*，译为《被拖去解体的战舰无畏号》，是被誉为“英国最伟大画家”约瑟夫·玛罗德·威廉·透纳最具代表性的作品之一。它和另一幅透纳名作《雨，蒸汽和速度——西部大铁路》占据了展厅右侧的墙面，而房间的左侧则被康斯太布尔的经典《干草车》霸占。二位象征着英国绘画艺术最

高境界的19世纪巨匠，在21世纪的今天仍旧"同室操戈"。尽管如今这二人的大部分收藏都不在国家美术馆（透纳去世后，总计占透纳一生作品总数的三分之二，被统称为"透纳遗产"的画作悉数被泰特英国馆收纳；而康斯太布尔的绝大部分作品则收藏于伦敦维多利亚与阿尔伯特博物馆，就是我们简称的V & A），但这简单明了的两面墙陈列，则等于两人职业生涯的概述。作为陈列英国经典绘画的展室，萨克勒房间还包括著名的英国肖像画家、风景画家庚斯博罗，透纳的伯乐、第一任英国皇家美术学院院长约书亚·雷诺兹爵士和以画马著称的乔治·斯塔布斯等人的名作，但所有来此参观的艺术爱好者，则大都是为透纳和康斯太布尔而来。关于这二人当年的竞争关系，2014年的一部传记影片《透纳先生》（*Mr. Turner*）做了很生动的演绎，史料记载也是如此。主演透纳的英国影帝级演员蒂莫西·斯波不仅形神都与透纳极其相似，为了演好这位伟大的英国画家，他还特意学习了两年绘画，并因为片中精湛的演技被评为第67届戛纳国际电影节最佳男主角。对于那些喜欢文艺片以及热爱透纳绘画的人来说，这部影片会让他们大呼过瘾。反之，或许会觉得这部影片过于平淡。

除了萨克勒房间之外，国家美术馆还有一个很特别的区域悬挂着两幅透纳的早期作品。他在起草的第一份遗嘱上，明确表示希望在去世后能将自己的两幅作品挂在英国国家美术馆里，就在他自己的毕生偶像、法国风景画大师克劳德·洛兰的两幅作品旁边。除了意在向偶像致敬以外，也想告知后人："我的画并不比他的差。"穿过展陈鲁本斯爵士作品的第29号展厅，就会看到这个对比陈列透纳和洛兰作品的第15号小中庭了。

紧挨着萨克勒房间的四间展厅，全部陈列着印象派作品，当真是名作云集。鉴于莫奈等人深受透纳画风的启发，如此安排也是别有深意。另外还需要重点提及的是，维米尔的真迹在全世界仅存35幅，而国家美术馆就存着两幅题材相同的《维金娜琴前女子》。国家美术馆的第23号展厅也绝对不能错过，因为这一间展厅中都是伦勃朗的真迹。他最著名的、意气风发的《34岁自画像》，和被学术界认定是他仆人，同时也是情妇的肖像《浴女》等名作都悬挂在此。除了荷兰本土之外，英国国家美术馆、纽约大都会艺术博物馆和巴黎卢浮宫都算藏伦勃朗真迹较多的艺术机构。对于很多画家而言，作品大都优劣明显，不能保证每幅皆精，但伦勃朗绝对是个例外。他所有的作品，无论早期还是晚年，虽风格变化很大，但几乎张张精彩。若有机会和时间在国家美术馆里逛一天的话（馆内咖啡厅下午茶很不错，只是经常需要排队），当你集中看完欧洲几个世纪的大师们绘制的主题各异、风格迥异的肖像画之后，相信我，不需任何人讲解，你都会认同伦勃朗的伟大。

四、逛美术馆，是一种仪式感

在西方社会的文化性社交活动中，规格最高的依次是去歌剧院听歌剧、去音乐厅欣赏音乐会和前往博物馆、美术馆参加展览开幕式。但是由于逛博物馆和美术馆对大多数人而言确实是体力活，因此每次看展都应尽可能地让自己衣着舒适，无须太过正式。然而，西方社会中很多中老年人都是衣冠楚楚，带着对艺术的敬畏之心和仪式感来欣赏展览的。于他们而言，逛博物馆和美术馆已经成为他们日常生活的一部分。此外各大博物馆和美术馆也都有着完善的会员体系，缴纳年费之后所有收费的特展无限次观看，每月还有各种学术讲座、培训、导展等，这也让参观博物馆和美术馆成为艺术爱好者们的一种日常需求，就像逛街看电影一样。虽然我们身处的社会环境不同，比起欧洲几百年的博物馆体系，如今我们对物质需求的渴望还远远大于精神需求，这显然需要时间来熏陶和引导观念与习惯的改变。然而，我希望大家不是为了艺术类考试等应试需求走进博物馆和美术馆，而是能够带着仪式感和敬畏之心，抱着享受艺术、享受生活的心情走进去。每件作品、每幅画的背后都有着动人的故事。如果一件作品打动了你，回家后查查这幅作品的创作背景，或许你就能找到自己被它打动的理由。那一刻，你会有心满意足之感。日积月累，美术馆和博物馆必将成为你生活中不可或缺的一部分。

第五章　梵蒂冈博物馆

王　加
知名策展人

梵蒂冈博物馆位于罗马市中心内的梵蒂冈城，是全球面积最小国家中的博物馆。尽管与欧美的博物馆和美术馆相比，梵蒂冈博物馆的藏品不能算多，但由于博物馆前身是罗马教皇的宫廷，其藏品也属教皇收藏，所含的艺术价值可想而知。梵蒂冈博物馆的馆藏最早是从朱利欧二世教皇的一些雕塑收藏开始的，其中最著名的便是1506年在罗马出土，被推崇为世上最完美的作品的古希腊雕塑名作《拉奥孔》。在此后的数百年中，历任教皇都费尽心机收藏艺术品或聘请艺术家为他们创作。如今，梵蒂冈博物馆拥有12个陈列馆和5条艺术长廊，汇集了海量古希腊、古罗马的雕塑以及文艺复兴和巴洛克时期的画作，且大都是无价之宝，可谓“少而精”。此外，和其他各大欧美博物馆不同的是，梵蒂冈博物馆的“镇馆之宝”基本都“拿不走”——尽是巨大的大理石雕塑和墙上的壁画。因此，与很多博物馆之间可以相互出借藏品举办特展不同，梵蒂冈博物馆则必须亲自前往参观才行。只用一篇文章介绍梵蒂冈博物馆，连走马观花甚至都谈不上。不过，我们可以简单地给梵蒂冈博物馆总结几个关键词。记住这几个关键词，就知道哪些作品不能错过了。

一、米开朗琪罗

说起梵蒂冈博物馆，首先要说圣彼得大教堂，因为今天的梵蒂冈博物馆就是罗马教皇宫廷的一部分，和大教堂本身就是一体。况且凡到梵蒂冈旅游的游客，第一站都会选择圣彼得广场；到达广场，最先映入眼帘的就是恢宏的圣彼得大教堂。

游客在前往梵蒂冈博物馆和圣彼得大教堂之前，需要留意一下注意事项。由于这两座建筑是一体的，而且往往买的是通票，因此个人着装要格外注意。凡在欧洲去过大教堂的人大约都知道参观礼仪：脱帽，男士不能穿短裤和背心，女士不能穿吊带背心和超短裙。圣彼得大教堂作为“教皇之家”，要求更加严苛。但由于梵蒂冈博物馆没有此类规定，因此如果游客抱着逛博物馆的心态，尤其是在罗马酷热暴晒的炎炎夏日里，很有可能衣着不合格，一旦如此，就不会被允许从梵蒂冈博物馆进入大教堂。被拒的话将会留下诸多遗憾。所以，相较于全世界各大博物馆而言，衣着得体算是参观梵蒂冈博物馆和圣彼得大教堂的硬性标准吧。

建于1506年至1626年的圣彼得大教堂在过去四个多世纪中一直是天主教的象征。在那个宗教至上的年代，能为教皇服务绝对是至高无上的荣耀，因此在修建这座教堂的过程中，无数当时的顶尖艺术家和设计师参与其中。遥望圣彼得大教堂，其直径42米，顶高138米的标志性穹顶是你无论如何都不可能错过的。穹顶设计出自伟大的文艺复兴三杰之一的米开朗琪罗之手。这位雕塑巨匠曾参与设计并亲自主持过圣彼得大教堂的建设工程。他为该教堂设计的直径达42.34米的巨大圆形穹顶不仅气势恢宏，而且从局部到整体都是绝美的艺术品。令人惋惜的是，由于圣彼得大教堂工程浩大、结构复杂，直至1626年才竣工，米开朗琪罗生前未能亲眼见证自己作品的面世。自穹顶修建完成后的几个世纪以来，无论登上穹顶的还是站在下面仰视的观者，无不由衷地感叹米开朗琪罗的伟大。

我们站在圣彼得大教堂外欣赏的穹顶，实则是米开朗琪罗在生命的最后时刻留给我们的宝贵遗产。而他最初送给梵蒂冈教廷的“见面礼”，则陈列于圣彼得大教堂的入口不远处。顺着人流走进圣彼得大教堂的正门，你会发现右手处熙熙攘攘地挤满了人。在博物馆、美术馆甚至教堂中，有个参观窍门：凡是人多的区域肯定有名作，如果自己找不着就顺着人流走。门内右手边摆放着的大理石雕是米开朗琪罗为圣彼得大教堂创作的雕像《圣殇》。1498年，米开朗琪罗开始着手雕刻这尊雕像，只用了一年时间就完成了，当时他年仅24岁。作品展现了圣母玛利亚怀抱被钉死在十字架上的圣子基督的悲痛之情。端庄典雅的圣母俯视着死去的儿子，哀悼、痛心疾首的神情被凿刻定格，“此时无声胜有声”，而基督则面色安详地躺在母亲怀中。这尊《圣殇》在表达悲痛的同时洋溢着伟大的母爱，令年轻的米开朗琪罗一举成名。作品一经问世便在整个教廷和罗马城引起轰动，因为没有人相信它竟然出自一位24岁的年轻人之手。为此，米开朗琪罗将自己的名字刻在了雕像中圣母胸前的衣带上，这也是他毕生唯一署名的雕塑作品。

然而，米开朗琪罗在梵蒂冈城为人类留下的宝贵财富，还不止上述这两个杰作，而是位于梵蒂冈博物馆内的西斯廷礼拜堂穹顶画和祭坛壁画。

正如《天使与魔鬼》影片中所表现的那样，西斯廷小礼拜堂是教徒的礼拜圣所，也是天主教裁决重大事务的要地。因此，受命在这里绘制壁画，其重要性和米开朗琪罗在艺术界的地位展现得淋漓尽致。

西斯廷礼拜堂的穹顶壁画真正的开工时间为1508年5月10日，这被记录在米开朗琪罗的日记当中。在最初的构想中，教皇朱利欧二世希望米开朗琪罗仅在半圆壁的弧形窗上描绘十二使徒并加以普通的点缀，而画家本人觉得这个设想过于单薄。因此在得到教皇的特许之后，他画下了今天的《创世记》。米开朗琪罗用了四年零五个月的时间以超凡的智慧和毅力完成了这幅以《圣经·创世记》为主线，以九个故事为主题的世界上最大的壁画。要知道，他是在毫无助手的情况下凭一己之力仰面躺在18米高的脚手架上夜以继日地画了四年零五个月……当整个作品于1512年完成时，年仅37岁的米开朗琪罗已累得像个老者。长期仰视导致他头不能低下，连最简单的读信都要举过头顶仰视。今天，当我们走进这间人满为患的小礼拜堂仰望，在为米开朗琪罗的巨制而瞠目结舌的同时，还需感谢时任教皇朱利欧二世的开明。

然而，西斯廷礼拜堂的亮点不光在穹顶上。当你迈进房间的那一刻，你将直面另一幅米开朗琪罗的巨作——《最后的审判》。在完成《创世记》24年后的1536年，已经61岁的米开朗琪罗又应另一任教皇克莱芒七世之约，独自一人再次用6年光景在西斯廷礼拜堂祭坛正面220平方米的墙上绘制了包含约400个人物，撼人心魄的巨幅壁画《最后的审判》。这幅巨作覆盖了拉斐尔恩师佩鲁吉诺的壁画，描述的是《圣经》传统题材中耶稣被钉死在十字架后复活，在最终升入天国后开始审判凡人灵魂、评判善恶的内容；为的是宣扬人凡行善则死后升天，作恶则死后入地的因果报应。这幅传世经典一经完成便受到了褒贬不一的评价，很多反对的声音除了嫉妒米开朗琪罗的才华之外，还批评画作中的裸体有亵渎神明之嫌。壁画甚至差点在画家去世后被教皇克莱蒙特八世毁掉（克莱蒙特八世就是下令火烧科学家布鲁诺的教皇），不幸之中的万幸，他被身边的画家们劝阻，才让我们今天依旧能近距离欣赏这幅传世之作。歌德在参观完西斯廷礼拜堂时曾评论道，"没有到过西斯廷礼拜堂的人，无法了解一个人所能做的事"。的确，根据我两次的参观经历，无论去之前看过多少图片影像，那身临其境的震撼仍无法用只言片语形容。以至于现场每一位观者都会本能地惊呼一声"哇……"。由于西斯廷礼拜堂严禁拍照，内部由警察看守，所以全梵蒂冈博物馆仅有西斯廷礼拜堂没有快门声，只有人们轻声细语的交流和出于本能的赞叹声。那一刻，不分性别、种族、国籍、语言，每一位热爱艺术的人都会被米开朗琪罗在这座礼拜堂中所留下的叹为观止的宝贵人类遗产折服。

说来有趣，米开朗琪罗应教皇召唤从佛罗伦萨来到梵蒂冈的初衷跟今天圣彼得大教堂的穹顶以及壁画毫无关系。他既不是来造穹顶的，也不是来画壁画的，而是被教皇朱利欧二世召唤来修建其陵墓的。如今后者的陵寝和其他教皇一样都坐落在圣彼得大教堂中，他的原计划是建造一座最宏伟的陵墓来安葬自己，供后人朝圣。然而，他的想法反复无常，在建造陵墓的同时还要求米开朗琪罗完成《创世记》，工程也数次停工，最终他脑海中的伟大陵墓并未实现。在现存的并未全部完成的部分陵墓雕塑中，最著名的便是米开朗琪罗已经完成的犹太先知《摩西像》。在我们今天看来，仅完成这一尊雕像，就已经足够伟大了。

暂且不提这位教皇在任时的政绩，仅他为艺术所做出的贡献就足够让他载入史册。独具慧眼的他挑中了米开朗琪罗、佩鲁吉诺和拉斐尔、洛伦佐·洛托、塞巴斯蒂亚诺·德尔·皮翁博等文艺复兴时期的艺术巨匠为他所用。而正是这些大师们的智慧结晶为圣彼得大教堂和梵蒂冈博物馆成为今天举世闻名的宗教圣地和艺术殿堂打下了坚实的基础。

二、拉斐尔

经自己的远房亲戚布拉曼特的推荐（布拉曼特是朱利欧二世教皇最先聘请设计重建圣彼得大教堂的建筑设计师，待他去世之后，米开朗琪罗接手），24岁的拉斐尔接到了教皇朱利欧二世的征诏。当时，教皇执意搬离他的死敌，即臭名昭著的前任教皇亚历山大六世所居住的房间，因此他请了一批艺术家来装点他新的住处。朱利欧二世教皇极为欣赏拉斐尔的才华，甚至批准他可以在前任艺术家们的作品上直接创作，给他一份独有的合约来装点寓所。拉斐尔为了向恩师佩鲁吉诺致敬，没有将今天梵蒂冈博物馆内火灾厅由老师创作的拱顶壁画毁掉。他在梵蒂冈教廷所取得的决定性成功，来自他为朱利欧二世教皇所绘制的签字厅壁画。

在梵蒂冈博物馆内，除了西斯廷小礼拜堂，还有四个紧挨着的连贯房间永远被挤得水泄不通，那就是包括签字厅、君士坦丁厅、火灾厅和赫利奥多罗斯厅的“拉斐尔房间”。其中最著名的当属拉斐尔亲自为朱利欧二世教皇所描绘的签字厅墙面上的四幅主画：《圣体的争论》《雅典学派》《四枢德和三超德》和《帕纳索斯山》。毫无疑问，“皇冠上的明珠”肯定是传世之作《雅典学派》。其主题为哲学，画面的中央，两位伟大的哲学家柏拉图和亚里士多德正在边走边激烈争论——左边以达·芬奇外貌为模版的柏拉图右手指天，表示世间万物都源于神灵；亚里士多德则右手手掌向地，意指现实世界才是真理之源。这两种对立的手势代表哲学上的两种分歧。画面左半部分靠近柏拉图的那侧身着黄色衣服，正在讲话的是苏格拉底；在他左下方正在书上写字的是数学家毕达哥拉斯，画面中下方坐在台阶上做沉思状的是米利都学派唯物辩证法的奠基人赫拉克利特。值得一提的是，在文艺复兴时期，画家热衷于把自己添加进画作当中，借以表明自己对画中事件的态度或自己的身份。而拉斐尔正是以他的同事兼对手米开朗琪罗为原型来塑造赫拉克利特的。而在画面右侧的角落，头戴帽子仅露出一张脸，目光直视观者的男子便是拉斐尔本人。此举有着两种意图：既表达他对画作中哲人的推崇备至；又借此替代签名把自己放入画中；亦是意图与伟人比肩，何乐而不为呢？签字厅常常人满为患，别说找角度拍照了，连举起相机都困难。

2016年9月，万众瞩目的清华大学艺术博物馆正式对外开放。为了配合博物馆开幕，主办方从以收藏1 119页《大西洋古抄本》手稿而闻名的米兰昂布罗休图书馆借来了60幅达·芬奇手稿真迹，并推出了重磅特展“对话：列奥纳多·达·芬奇”。在此提及这个信息，主要源于米兰昂布罗休图书馆不仅藏有达·芬奇的《大西洋古抄本》手稿，还有另外一件“镇馆之宝”——拉斐尔《雅典学派》的原尺寸手稿。这幅画在梵蒂冈博物馆签字厅的传世经典湿壁画竟然还留存有草稿，而且还是整面墙的原尺寸，实在是令人难以置信。原稿于1500年完成，比壁画早三年，并于1600年被卖到米兰至今。在展厅中央有一个触摸屏，观众可以通过电脑程序把手稿分割成局部，然后与梵蒂冈的壁画原作进行对比。毋庸置疑，科技的发展对于观众的艺术欣赏确实起到了绝佳的辅助作用。站在画前端详半晌，个人认为原稿甚至比壁画更有韵味——线条有力准确，对人物结构的描绘和神态的把握也确实超越色彩丰盈的湿壁画。尤其值得关注的是，原稿与壁画有两处显著不同：第一，原稿中柏拉图和亚里士多德脚下的台阶上空无一人，而壁画中的台阶上坐着以米开朗琪罗形象示人的赫拉克利特，图中人物的膝盖有些变形，有一种说法甚至推测米开朗琪罗当时患了关节炎，因此被拉斐尔在画中体现出来；第二，草稿中的右边有一处空白，而在壁画中拉斐尔很巧妙地把自己的自画像加了进去。若无此稿，我们根本无法了解艺术家在创作过程中的思路变化。以后有机会游历米兰的人，可到昂布罗休图书馆欣赏于2020年刚修复完毕的拉斐尔《雅典学派》手稿。那间展厅可比梵蒂冈博物馆的签字厅人少多了。

英年早逝的拉斐尔，将自己生命的三分之一都献给了梵蒂冈教廷。他去世前的最后一幅作品《基督显圣》也收藏在梵蒂冈博物馆中。年仅37岁的拉斐尔尚未完成这幅画作便撒手人寰。根据他的遗嘱，教皇利奥十世破例将他安葬于罗马万神殿内，他成为第一位安葬在罗马万神殿的艺术家。

三、贝尔尼尼

第三位需要重点介绍的艺术家，并非和上述两位身处同一时代。其作品虽和圣彼得大教堂有关，但也大都不在梵蒂冈博物馆中。不仅如此，他的作品还遍布整个罗马城。圣天使城堡前桥头的每一尊雕塑、纳沃纳广场的《四河喷泉》、西班牙广场的《破船》喷泉、科罗纳洛小礼拜堂中享誉世界的《圣特雷莎的沉迷》，还有罗马波尔盖塞美术馆中多件著名的大理石雕，都出自这位艺术家之手——吉安·洛伦佐·贝尔尼尼。这位巴洛克时期最负盛名的雕塑巨匠，几乎凭一己之力构造了今天罗马城中所有具有古典美的公共艺术。曾有人说，罗马是属于贝尔尼尼的。有幸到过罗马城的人肯定会觉得此言非虚。

许多人没去过罗马，却早已耳闻贝尔尼尼的大名，这必须要感谢美国知名作家丹·布朗那部著名的小说：《天使与魔鬼》。若未曾阅读这本畅销小说并观看以之改编，由奥斯卡影帝汤姆·汉克斯主演的同名电影，则很难在短期之内对贝尔尼尼有如此深刻的印象，并沉迷于他那鬼斧神工的雕塑艺术中。《天使与魔鬼》这部电影，抛开情节不谈，影片的拍摄场景几乎可以说是一部罗马名胜古迹的“游历指南”。细心观察便会发现，贝尔尼尼的艺术创造贯穿整部影片，遍布在罗马的每个角落。也或者说，《天使与魔鬼》其实是一部“贝尔尼尼宣传片”。

8岁的贝尔尼尼，就曾被教皇称赞为“下一个米开朗琪罗”。而今天的圣彼得大教堂，有两件重要的雕塑和贝尔尼尼有关。首屈一指的，便是坐落在米开朗琪罗设计的圣彼得大教堂穹顶正下方，那无比华丽的圣彼得祭坛华盖。

凡去过圣彼得大教堂的，都会对教堂正中央穹顶下那巨大的华盖感到过目难忘。这座于1624年至1633年间建造在圣彼得墓上方的巨型青铜镀金华盖，已经成为教堂内最具象征意义的雕塑。仅这个祭坛华盖本身就有四层楼高，但由于米开朗琪罗的138米高穹顶给整个大教堂以挑高直入苍穹之感，因此观者几乎体会不到。华盖的巨大形体与大教堂氛围相得益彰，毫不突兀。虽然祭坛华盖的设计并非由贝尔尼尼独立完成（四个螺旋状柱子顶端的四尊雕像中仅有一尊《圣朗基努斯》是由贝尔尼尼亲自雕刻的），但能够为位于米开朗琪罗所设计穹顶正下方的圣彼得之墓设计祭坛，这份工作不仅神圣，还令当时罗马城所有设计师们垂涎三尺。能够由年仅26岁的贝尔尼尼主责，其地位与重要性不言而喻。贝尔尼尼也不负厚望，凭借祭坛华盖的设计一举成为全罗马最受瞩目的艺术家。

转到华盖背后，金灿灿的圣彼得宝座极其夺目，这也出自贝尔尼尼之手。此教皇座椅在中世纪时期就已经存在，但贝尔尼尼应教皇亚历山大七世要求对座椅进行装饰，加上青铜镀金面以示华丽和尊贵。于1657年至1666年间完成的圣彼得宝座已算是贝尔尼尼晚年的作品。和我们的传统佛造像用木雕雕刻出身后的背光一样，贝尔尼尼也在座椅背后加上了金色背光作为装饰，以表现神明显圣之后的万丈光芒。除了上述两尊重要的宗教雕塑之外，他为赏识他的教皇乌尔班八世所雕刻的陵墓、为亚历山大七世陵墓所作的纪念碑也都坐落在圣彼得大教堂中。这座天主教的胜地如今也因贝尔尼尼为宗教和教皇们所做出的贡献而成为全世界独一无二的艺术殿堂。

当我们身处圣彼得广场，遥望顶端的米开朗琪罗穹顶时，或许我们不会意识到所处的广场同时也是一件艺术品。没错，这个巨大的、由石柱廊环绕的广场同样出自贝尔尼尼之手。它的创作时间和圣彼得宝座几乎相同，这个广场的设计初衷是容纳在各大宗教节日前来聆听教皇祝福的信众。考虑到满足人们自由出入的实际情况，为了避免单一入口拥挤，贝尔尼尼设计出了这个雄伟壮观，遍布柱廊的椭圆形广场，在功能性之外，还解决了教堂正面看起来过宽的不足。其环抱状的形态还赋予了圣彼得大教堂母亲的含义，无论教皇出现在大教堂正中的露台上还是梵蒂冈宫旁边的小窗处，他都欢迎所有的信众投入其怀抱。这个环形广场堪称贝尔尼尼一生中最伟大的建筑作品。

不过，他本可能比今天更伟大，但人无完人，他也有过失败的作品。

在承接圣彼得墓的祭坛华盖项目的同时，年轻的贝尔尼尼还获得了建造教堂外两侧钟楼的任务。然而，如今的圣彼得大教堂外并无钟楼。究其原因，是贝尔尼尼搞砸了。钟楼项目是贝尔尼尼整个艺术生涯的滑铁卢，他几乎因此断送了整个职业生涯。

现今我们看到的圣彼得大教堂，和17世纪教皇心中的圣殿还有差距。乌尔班八世希望在原本就十分恢宏的大教堂两侧再建造两座钟楼。由于教堂中心是米开朗琪罗设计的高大穹顶，不能被超越，因此在最初的草图中，钟楼较矮，只是作为“绿叶”陪衬。而当总设计交给贝尔尼尼时，因之前的成功而狂妄不可一世的他做出了一个令人意想不到的惊人之举：

我设计的钟楼，定要比米开朗琪罗的穹顶更高！

若贝尔尼尼当真如其所愿，实现了钟楼的设计，今日的圣彼得大教堂定会更加壮观。只可惜，他的野心超出了他的设计能力。

贝尔尼尼的专业毕竟是雕塑，建筑只是他的副业。他所设计的钟楼，比初稿高70米，重量是最初设计的6倍之多；且最关键的是，钟楼要建在沼泽地上。面对如此神圣和庞大的工程，他本应更加谨慎而为之。但因为穹顶华盖的大放异彩，身处鼎盛时期的他早已信心爆棚、忘乎所以。外加身边围绕着无数阿谀奉承的依附之辈，他对钟楼地基预期承重的测算出现了严重的误差。第一座钟楼于1641年正式亮相，但仅过两月就出现了裂缝。雪上加霜的是，随着时间推移，断裂甚至波及了大教堂本身。福不双至祸不单行，1644年，贝尔尼尼的挚友兼“伯乐”，乌尔班八世驾崩，新教皇英诺森十世即位。靠山倒了，新皇上任后立志铲除“前朝余孽”。不难预料，他的第一刀自然挥向了最得前任宠爱的贝尔尼尼。而钟楼的失败则变成了清除异己再恰当不过的理由。最终，钟楼于两年后被拆除，从此再未兴建。时至今日，我们只能在脑海中想象贝尔尼尼梦想中的画面了。

以上就是几个与梵蒂冈博物馆和圣彼得大教堂有关的艺术家。记住这些，就能清楚关注的重点和大致的历史脉络了。和其他艺术机构不同，梵蒂冈博物馆虽坐落于全球最小的国家中，其地位却因教廷和教皇的存在而至高无上，它本身就是一件完美结合了西方宗教与艺术的精美艺术品。

第六章 乌菲齐美术馆

王 加
知名策展人

一、美第奇家族

作为文艺复兴时期绘画中最常表现的主题之一,《三王来朝》(又称《三博士来拜》)描绘的是《圣经》故事中东方三博士(也称三王,即卡斯帕、梅尔基奥和巴尔萨泽),夜观星象得知犹太人的新君即将诞生,便根据星宿的指引赶往圣城耶路撒冷拜见圣母玛利亚和圣婴耶稣的场景。《三王来朝》出自文艺复兴绘画巨匠桑德罗·波提切利之手。跪在圣母面前朝拜的第一个王被描绘成了老科西莫·美第奇;画面正中央身着红色披风跪在台阶上的第二个王是其子皮埃罗·美第奇;跪在他身旁与之对视的是吉奥瓦尼·美第奇,老科西莫的另一个儿子;站在吉奥瓦尼身后,披着黑色斗篷,侧脸俯视台阶凝思的便是老科西莫的孙子,也是美第奇家族最负盛名的、文艺复兴时期艺术家们最大的赞助人,被誉为"伟大的洛伦佐"的洛伦佐·美第奇;在洛伦佐身后画面最右端一身棕黄色袍服、目光直视观者的

《蒙娜丽莎》,约1503—1517年,达·芬奇,卢浮宫博物馆

《拾穗者》,1857年,米勒,奥赛博物馆

《雅典学派》,1510—1511年,拉斐尔,梵蒂冈博物馆

《维纳斯的诞生》,1487年,波提切利,乌菲齐美术馆

《春》，约1480年，波提切利，乌菲齐美术馆

《人间乐园》,约1490—1510年,博斯,普拉多博物馆

《宫娥》,1656年,委拉斯开兹,普拉多博物馆

《蓬帕杜侯爵夫人》，1756年，布歇，慕尼黑巴伐利亚绘画陈列馆

《圣咏圣母》,约1603年,卡拉瓦乔,维也纳艺术史博物馆

《苏格拉底之死》,1787年,大卫,大都会艺术博物馆

《阿尔诺芬尼夫妇像》,1434年,扬・凡・艾克,英国国家美术馆

就是画家波提切利。此画便是洛伦佐·美第奇委托波提切利创作的，当时的佛罗伦萨已经由洛伦佐统治，他要求波提切利将家族中已经去世的老科西莫、皮埃罗和吉奥瓦尼·美第奇都绘入画中，自己则站在一个相对“低调”的位置。这幅作品囊括了享誉世界的美第奇家族在鼎盛时期所有最重要的成员。靠放高利贷发家致富后成为银行家的美第奇家族实际统治了佛罗伦萨近三个世纪，被称作这座文艺复兴之城的“无冕之王”。依靠庞大的财富和政治联姻，这个家族从15世纪到18世纪诞生了两位教皇和两位法国皇后。而在美第奇家族的众多成员当中，对艺术最为痴迷、奠定佛罗伦萨在欧洲文艺复兴时期旗手地位的，就是“伟大的洛伦佐”。事实上，所有热爱佛罗伦萨这座充满了历史与文化的精致小城，并喜爱文艺复兴艺术的人们都应感谢洛伦佐·美第奇。

在人文解放思潮开始萌芽的文艺复兴早期，艺术家的概念也刚刚诞生。画家和雕塑家这些数百年来被视为手工业者的匠人，其社会地位终于有所提升。尽管受宗教社会环境和生存所迫，艺术家们很难有个人独立思想来进行艺术创作，最多是将自己的一些独到绘画技巧和理念注入传统的宗教题材或雇主的委托作品当中去。但能够脱离匠人身份并开始享有艺术家的尊严，确是前所未有的境遇。身为佛罗伦萨的执政者，洛伦佐·美第奇本人除了有政治家与外交家的身份之外，还是位出色的诗人。他由衷地酷爱艺术、喜好收藏。最难能可贵的一点是他非常尊重艺术家。在那个主仆雇佣关系划分明确、极难越雷池一步的年代，有这种开明的思想实属难得。尽管洛伦佐本人委托的作品并不多，他却不遗余力地提携了生活在佛罗伦萨的艺术家们，其中包括波提切利的老师韦罗奇奥、波提切利本人和他的师弟达·芬奇、米开朗琪罗的启蒙老师多梅尼克·吉兰达约等等。他去世前一年开设的雕塑学校甚至收留过15岁的米开朗琪罗，后者还曾在洛伦佐的家中住过五年。这些享誉世界的文艺复兴艺术巨匠都围绕在洛伦佐·美第奇周围，"佛罗伦萨的黄金时代"在他治下绝非浪得虚名。"伟大的洛伦佐"凭借自己对艺术痴迷的"文艺属性"和对艺术家们的承认与尊重，为今天的乌菲齐美术馆和欧美各大艺术机构所收藏的文艺复兴时期绘画留下了无法估量的艺术瑰宝。生活在洛伦佐的时代，确是文艺复兴大咖们的幸事。

二、乌菲齐美术馆的历史

毫无疑问，今日的乌菲齐美术馆也是拜美第奇家族所赐，但它最初并不是作为博物馆修建的。1560年，第一任托斯卡纳大公，科西莫一世·德·美第奇委托他最欣赏的艺术家，米开朗琪罗的高徒乔治奥·瓦萨里为他设计一座U形的市政办公楼，用来安置佛罗伦萨的政府工作人员。意大利语中的"uffizi"就是政务厅的意思。1581年，科西莫一世大公的继任者，儿子弗朗西斯科一世在乌菲齐美术馆顶层的东区设置了一个私人展厅，用于陈列家族的雕塑和其他珍贵艺术品。在如今的乌菲齐美术馆中，最初作为核心展品陈列的"讲坛"房间依旧存在，观者可以隔着围栏欣赏。整个房间由精美的大理石、各类珍稀石材以及上千个珍珠贝壳装点，意在表现象征宇宙诸元素的"空气、土、水、火"，堪称整个美术馆"皇冠上的宝石"。自从有了展厅之后，美第奇家族的艺术收藏随着家族的延续日趋壮大，直至家族于18世纪灭亡。如今，我们之所以能看到乌菲齐美术馆及其馆内令人眼花缭乱的完整艺术收藏，则必须要感谢家族末代王朝中的最后一位直系后裔：安娜·玛丽亚·路易萨·德·美第奇。是她保证了美第奇家族近三百年的艺术收藏不会被拆分并永远留在佛罗伦萨。

身为美第奇家族最后的血脉，安娜·玛丽亚·路易萨·德·美第奇在她1743年去世前将包括乌菲齐美术馆、皮蒂宫以及住宅在内的所有家族产业及艺术收藏悉数遗赠给托斯卡纳大公国，要求“美第奇家族的所有艺术收藏将作为城市装饰的一部分，用于公共事业并吸引好奇的外来者”，并且不允许被拆分且永远要留在佛罗伦萨或托斯卡纳大公国。在要求中，她特别提出“乌菲齐美术馆是一个不可分割的公共财产”，意指这里所保存的艺术藏品是由所有人共享的。1769年，乌菲齐美术馆正式对公众开放。根据启蒙运动时期新的科学化展示方式，美术馆内的艺术品被重新安排并分类，绘画与科学类藏品完全分开。时至今日，乌菲齐美术馆拥有超过1.2万件油画、3 500件雕塑、18万件版画和素描作品。根据佛罗伦萨文化部公布的数据，2015年全年乌菲齐美术馆共吸引全球近200万人参观，是全世界最受欢迎的美术馆之一。

三、文艺复兴艺术的宝库

拜美第奇家族所赐，佛罗伦萨的乌菲齐美术馆是当之无愧的文艺复兴艺术“圣地”，其收藏的文艺复兴时期绘画在全世界范围内堪称“独孤求败”。乔托、马萨乔、波提切利，“文艺复兴三杰”达·芬奇、米开朗琪罗、拉斐尔，提香及其他威尼斯画派大师，卡拉瓦乔和鲁本斯等巴洛克时期巨匠等传世名作均能在乌菲齐美术馆欣赏到。对于喜欢文艺复兴绘画的艺术爱好者而言，乌菲齐美术馆是此生无论如何都要去一次的。由于太受欢迎，参观前务必在网上提前预约购票前往。对于文艺复兴“粉丝”来说，迈进这里就不想走了，因为几乎墙上挂的每一幅作品都是经典。下文将介绍几幅绝不能错过的“镇馆之宝”。

四、波提切利的“主场”

2015年是文艺复兴绘画巨匠桑德罗·波提切利诞辰570周年。诸多国际大都市如东京、伦敦等地都以特展的形式纪念这位伟大的艺术家，全世界艺术爱好者更是“变本加厉”地涌向佛罗伦萨乌菲齐美术馆的波提切利展厅，去“朝拜”他那两幅传世经典——《维纳斯的诞生》和《春》。波提切利身为达·芬奇师兄，却在去世后数百年间从未享有如“文艺复兴三杰”那样的名望，直至20世纪初其作品价值才真正被世人承认，并获得了他在艺术史上应有的地位。令乌菲齐美术馆享誉世界的，正是馆内最丰富、最完整的波提切利收藏。无论何时身处乌菲齐美术馆内的波提切利展厅，你都无法心如止水地去品读那两幅宁静安详的画作，因为画前永远挤满了人——《维纳斯诞生》和《春》的地位，无异于“乌菲齐美术馆的《蒙娜丽莎》”。

波提切利生活的年代恰逢文艺复兴初期，在那之前的中世纪绘画，为了体现出神的庄严，是不允许在画作中呈现任何情感表达的。波提切利大部分的画作，体现了从中世纪到文艺复兴时期绘画艺术的过渡：在描绘人物的过程中刻画面部表情中流露出的细微神情，凸显了文艺复兴时期人文主义精神的核心理念——树立人的价值与尊严、反对愚昧迷信的神学思想、追求现实生活的幸福并提倡个性的解放。唯有人，才是现实生活的创造者和主人。此外，必须承认的一点是，艺术家成功与否和他生活的社会环境有着极其重要的关联。在15世纪80至90年代，波提切利是佛罗伦萨城最负盛名的画家。他职业生涯最辉煌的时光，恰好赶上“伟大的洛伦佐”执政。文艺复兴的人文化思潮加上受雇于尊重艺术家的美第奇家族，波提切利算是生对了时代。

波提切利为美第奇家族创作了多幅名画，绝大多数都收藏于乌菲齐美术馆。在波提切利的主题展厅中，除了将洛伦佐本尊直接入画的《三王来朝》之外，还包括《天使报喜》《帕拉德与半人半马神》《赞美主的圣母》《持勋章的人》《圣母子和六天使》等各个时期的作品。当然，两幅“镇馆之宝”——原本为洛伦佐·美第奇别墅而绘制的装饰画《维纳斯诞生》，以及在画中描绘了上百种花草堪称植物百科全书的《春》——毫无疑问吸引着所有观者的目光和镜头。毋庸置疑，乌菲齐美术馆就是波提切利的“主场”。在2016年的10月18日，经过一段时间的修缮及翻新之后，乌菲齐美术馆将曾经展出波提切利的展厅重新对公众开放，修缮后的第10号至第14号展厅将集中展示波提切利的共38幅画作。考虑到人流疏散、展厅拥挤和采光等因素，重新开放的展厅将原本开阔的空间重新分隔成采光更好的独立区域，“镇馆之宝”《维纳斯诞生》和《春》也被移至壁龛中展示。如今，观者将在全新的展厅中享受波提切利笔下的唯美。

五、乔托《宝座上的圣母》

走进乌菲齐美术馆，第一个聚集众多观者的展厅便陈列着意大利文艺复兴时期的开创者和先驱者，被誉为“欧洲绘画之父”的乔托的代表作——《宝座上的圣母》(又名《圣像》)。为了妥善地保护这幅受佛罗伦萨诸圣教堂(波提切利如今就埋葬在这所教堂中)委约而创作的蛋彩木板油画，人们将其迁至乌菲齐美术馆内。这幅《宝座上的圣母》开创了佛罗伦萨绘画的新进程。虽然乔托仍旧遵从着托斯卡纳绘画传统中运用金底和五边形尖角木板的外在模式，其作品内容却是革新的。画作的构图布局并未突破中世纪画风的惯例，但画中已看不到金碧辉煌的装饰趣味和飘然若仙的人物罗列了。乔托的绘画与中世纪绘画的明显差异体现在他是首位将画面中人物以三维立体效果呈现的艺术家。他将圣母安置在一个由宝座、哥特式尖型拱顶和宝座前缘的大理石台阶共同构成的透视空间内，不仅完美地解决了透视和立体效果，还在画面中追求空间体积感和尽最大可能的现实主义表现。他所描绘的人物不再是二维线性的，而有着丰满立体的外形，融入在富有极强叙事性的情境中并流露出强烈的情感。尽管画面的背景为金色，乔托笔下的人物却犹如存在于现实空间内。同时代的人对乔托的艺术成就钦佩不已。佛罗伦萨的编年史作家乔瓦尼·维拉尼在文件中记录道，乔托是“这个时代里无可匹敌的绘画大师，他根据自然界的真实形象来塑造画中人物及其姿态”。米开朗琪罗的徒弟、主持设计建造乌菲齐美术馆的乔治奥·瓦萨里则评论道：“他果断地与粗鲁的传统拜占庭风格决裂，并创造了我们今天所见到的伟大的绘画艺术，当中还包含了精确描摹生活的绘画技巧，这两点曾被人们忽视了两百多年。”《宝座上的圣母》以明显的体积感和画面纵深空间反映出乔托的绘画风格与中世纪拜占庭风格的明显差异。其关键并不在于技法，而在于观念。事实上，乔托对绘画上的革命不仅在于他摒弃了拜占庭风格，确立了西方绘画在其去世后作为一种主要艺术形式的地位延续至今；同时，他恢复了由古代（如古希腊和古罗马）艺术家创造，但是在中世纪由于思想禁锢被艺术家们抛弃的自然主义表现方式。乔托在他的生前身后受到了观者和学者们的普遍赞誉，因为他不仅在模仿自然，还在观察自然并推测其可见规律的同时揭示自然的奥秘。他为同时代及后世艺术家指出了一条全新的“观画途径”。《宝座上的圣母》便是表现乔托伟大艺术贡献的绝佳案例，可与扬·凡·艾克的《阿尔诺芬尼夫妇像》并列为西方艺术史书籍中“出镜率”最高的作品。

六、另一幅《三王来朝》

在陈列乔托《宝座上的圣母》里面的房间，陈列着另外一幅与波提切利《三王来朝》相同题材的画作。然而，法布里亚诺于1423年绘制的这幅《三王来朝》比波提切利的那幅要早半个世纪，它被公认为国际哥特式风格绘画的杰作之一，带有西欧北方晚期哥特式风格的明显痕迹。画家法布里亚诺的赞助人是帕拉·斯特罗齐，当时最富有的佛罗伦萨人。这件富丽堂皇的祭坛画和它精美绝伦的哥特式边框不仅旨在渲染华丽而辉煌的画面气氛和极富装饰性的艺术效果，还意图展现出富豪斯特罗齐本人的奢华品味。

画中透过空间的透视处理呈现出近景、中景和远景；画中的三王、朝臣、军官和随从都衣着华丽，一同随行的除了牛马羊等家畜之外还有猴子、花豹、鹰等充满异域风情和装饰性的动物。除了画面中丰富鲜艳的色彩，法布里亚诺在画中大量运用金色，将三王朝圣的繁复礼仪和盛大场面都呈现在一个场景中，借以美化和赞颂贵族对圣母子的虔诚感情。在当时的佛罗伦萨，富有的斯特罗齐家族是同为银行家的美第奇家族的最大竞争对手。相比较波提切利为洛伦佐·美第奇所描绘的《三王来朝》，法布里亚诺的画作意图反映斯特罗齐的家族财富，波提切利则通过将美第奇家族中几代人的自画像加入画中反映社会地位。虽同是《三王来朝》，但两位艺术大师在仅相差半个世纪的时间内为佛罗伦萨两个最富有的家族所创作的这两幅作品，不仅在画风和表现方式上发生了巨变，波提切利将自己画入作品中的做法也间接表现出艺术家地位和尊严的提升。

七、《乌尔比诺公爵夫妇双联画》

有些学者认为，15世纪私人肖像画的突然崛起，反映了当时欧洲城市的社交圈正兴起一股全新的个体意识。人们都在密切注意周遭人的一举一动，无不希望媲美甚至超越别人。在这种相互竞争的环境下，炫耀个人成就和财富的欲望成为世俗肖像画最主要的表现特点，同时也是肖像画越发受欢迎的重要原因，因为这类作品能够具象展示画中主角的社会地位。首先，高价聘请画师为自己作画足以证明他们拥有相当的财力；其次，画作还能呈现自己穿戴各种时髦华丽的服饰、昂贵的皮草和珍贵的珠宝。另外最重要的一点是，肖像画还能在主角去世之后作为对他们的永恒纪念。

《乌尔比诺公爵夫妇双联画》是由皮埃罗·德拉·弗朗切斯卡所绘制的著名肖像画作品，夫妇均以侧面——这个当时意大利最流行的肖像画角度出现在画面中。二人头像背后的背景彼此延伸，两幅单独成立的肖像因为背景而成为一个整体。身后的领地代表着他们的领地乌尔比诺，也就是拉斐尔的故乡。当然，除了遵循当时的肖像画传统，这幅作品还包含着男主人公蒙泰费尔特罗公爵不为人道的难言之隐：公爵在一次战役中因意外失去了右眼。对于鼻梁高耸的他来说，仅剩左眼显然影响他往右侧观看的正常视角。因此公爵做出了一个在当时看来令人意外的决定：他将自己本就在意外中受伤的鼻梁直接砍断一部分，“人造”出一个让左眼能够全方位观察前方的缺口，因此他的鼻梁部分的缺口并不是天生的，而是后天人为造成的。这或许也是整容手术体现在画中的最初案例。弗朗切斯卡对肖像的美化和真实描绘令公爵极其满意。这两幅肖像画是进入乌菲齐美术馆必看的展品之一，旅行团的导游通常也会对其做重点讲解。

八、其他重点展品

乌菲齐美术馆的其他重要作品还包括马萨乔的《圣母子》、提香的《花神芙罗拉》和《乌尔比诺的维纳斯》、卡拉瓦乔的《酒神巴克斯》《以撒的牺牲》和《美杜莎》、拉斐尔最著名的《自画像》《金翅雀圣母》和《教皇利奥十世肖像》。在达·芬奇展厅内，他创作的《天使报喜》以及与其老师韦罗奇奥共同完成的《耶稣受洗》都陈列在此。关于《耶稣受洗》还有一段逸事：韦罗奇奥描绘了基督和右侧的圣约翰，留下左下角的天使与圣婴让达·芬奇完成。据传说，老师韦罗奇奥看罢弟子描绘的天使之后决定从此不再作画，因为他觉得达·芬奇已经“青出于蓝”。此外，乌菲齐美术馆还收藏着米开朗琪罗唯一一幅绘制在画布上的油画《圣家族》。那时画布才诞生不久，很多艺术家都不习惯甚至鄙视在画布上作画，米开朗琪罗便是其中之一。而他这辈子确实也就画了这一幅圆形的布面油画《圣家族》，其余的都是湿壁画。除上述这些举世闻名的名作之外，乌菲齐美术馆的好作品还有太多。这座文艺复兴艺术的圣殿确实值得花时间细细品味。

九、神秘的瓦萨里走廊

在乌菲齐美术馆内，有一条始于美术馆，连接维奇奥宫，横跨阿诺河上的老桥（维奇奥桥）通向河对岸皮蒂宫的神秘通道——瓦萨里走廊。很少有人参观过这条长廊，因为它不对公众开放，仅供贵宾以及每天特定时间段的预约团体参观。不仅参观时间非常有限，门票也极其昂贵——单独参观瓦萨里走廊的门票近80欧元。究其原因，有两点需要提及。首先，修建的原因极其有趣。今天的老桥上遍布金店和首饰店，可当年这里是每日腥臭无比的卖肉市场。原本居住在维奇奥宫的科西莫一世大公，在修建了乌菲齐美术馆作为市政办公室并买下河对岸的皮蒂宫之后，面临着一个极其尴尬的问题：从旧居维奇奥宫和上班处乌菲齐美术馆到新家皮蒂宫，腥臭的老桥是他每日上下班的必经之路。于是他要求瓦萨里给他设计一条上下班的“特殊通道”。后者仅耗时6个月，于1564年就为科西莫一世大公修建了这条总长1 200米的狭长通道，跨河的部分直接修建在老桥上方，除了避开民众和异味之外还能躲避暗杀，堪称一举多得。在修建过程中，佛罗伦萨另一个名门望族曼内利家族拒绝拆除他们的小塔，聪慧的瓦萨里由此绕开他家的塔，于外部搭建了一段空中走廊，也是整个瓦萨里走廊最狭窄的部分。这条走廊在诞生后近5个世纪的历史中发生了太多的故事：一辆装满炸药的车曾于1993年在瓦萨里走廊附近爆炸，对走廊造成部分损毁。20世纪40年代，墨索里尼为取悦他的盟友阿道夫·希特勒，曾将走廊中心段位于老桥上方的窗户扩大以便希特勒观景。正因如此，“二战”期间整个佛罗伦萨市内也仅有这座老桥未遭破坏。

然而，乌菲齐美术馆仅靠一条“回家密道”就收取近百欧元的参观费是完全没道理的。事实上，这条以设计师瓦萨里命名的走廊内所悬挂的画作，其价值绝不次于乌菲齐美术馆和皮蒂宫里展出的作品。这里悬挂着自16世纪到现代绘画期间世界上最珍贵的一批艺术家自画像收藏。从拉斐尔、委拉斯开兹、伦勃朗、鲁本斯爵士到德拉克洛瓦、柯罗、夏加尔等超过1 000张大师自画像在这条走廊中齐聚一堂并按照时间排列，其完整程度令人咋舌。究其原因，仍要感谢美第奇家族：在最初开始建立肖像画收藏之后，鉴于其家族享誉欧洲的名望和艺术品收藏，很多画家自愿地将自己的肖像画献给美第奇家族的执政者。逐渐地，画家们将自画像被收藏于瓦萨里走廊中视为一份荣耀，成为画家名望与地位的象征。因此，这些西方艺术史中的大师们往往会选择自己最满意的一幅自画像主动赠予美第奇家族，有些甚至还是画家毕生唯一一幅自画像，其珍贵程度也就不言而喻了。到2016年，意大利所有的博物馆和美术馆都已经开放拍照。未来有机会前往佛罗伦萨乌菲齐美术馆的人，如果时间充裕，并且觉得花上几百块钱去看上千位西方绘画大师的自画像划算的话，不妨到瓦萨里走廊一逛，在欣赏艺术瑰宝的同时也感受一下几个世纪前美第奇家族每日上下班的秘密通道。

第七章　普拉多博物馆

孙　晶
清华大学人文学院副教授

一、普拉多博物馆的历史、建筑和收藏

相比人们耳熟能详的卢浮宫博物馆、大英博物馆或者大都会艺术博物馆，普拉多博物馆似乎并不那么知名，但实际上它毫不逊色于其他著名博物馆，也是世界上最伟大的美术馆之一。

普拉多博物馆位于马德里，是西班牙最大的美术馆。1755年西班牙国王卡洛斯三世任命新古典主义设计师胡安·维拉诺瓦在圣热罗尼莫斯教堂的草坪上设计修建了博物馆建筑的主体部分。“普拉多”在西班牙语中的意思是“草地、牧场”，普拉多博物馆的名字也就来源于此。该博物馆于1819年11月19日首次开放，但最初主要面向王公贵族，并不面向普通大众。在拿破仑占领时期，博物馆建筑成为拿破仑的骑兵总部和火药库，直到查理三世的孙子斐迪南七世在位时才重新恢复建设。到了1868年，伊莎贝拉二世在位时将之收归国有，改为公共博物馆。博物馆最初由一些贵族来管理，但

后来很多知名画家，包括毕加索都担任过普拉多博物馆的负责人。1918年博物馆进行了扩建，后来两座不与博物馆主体部分相连的建筑也被划入博物馆管辖。1971年和1985年，以收藏19世纪艺术品为主的“波·里提罗”画廊和以私人收藏品为主的“提森·波奈米萨”博物馆相继并入普拉多博物馆，弥补了普拉多博物馆收藏品的不足。最新的扩建是在2001年至2007年间，加入了现代风格的建筑，使得这座19世纪的博物馆焕发新的风采。现在我们看到的普拉多博物馆具有相当大的规模，正门树立着西班牙著名的画家委拉斯开兹的青铜雕像。

尽管普拉多博物馆于19世纪早期开放，但它的收藏可以追溯到15世纪，西班牙王室热爱收藏定制当时最伟大的艺术家的作品。早在15世纪，阿拉贡的斐迪南二世和妻子伊莎贝拉一世对西班牙的属地——北方尼德兰画家的作品情有独钟并广为收藏，这就已经开始奠定了西班牙王室收藏的鲜明特色。他们的孙子，罗马帝国的皇帝查理五世就出生于根特，在尼德兰被抚养长大。他和他的儿子腓力二世都收藏了很多15、16世纪尼德兰最知名的艺术家如罗杰·凡·德·维登、扬·凡·艾克、博斯、勃鲁盖尔等人的作品，查理五世曾在旅途中接触到当时最有名的意大利艺术家，并向提香在内的一些艺术家定制过很多绘画作品。17世纪时腓力四世还通过拍卖等渠道购买了很多鲁本斯、提香、丢勒、丁托列托等著名画家的作品。此外，他还邀请西班牙黄金时代最伟大的画家迭戈·委拉斯开兹做他的宫廷画家，所以现在普拉多博物馆保存着这位画家大部分油画，其中最为知名的有《宫娥》和《布列达的投降》等。西班牙王室的艺术收藏还有不少是通过欧洲王室之间的互相馈赠获得的，例如瑞典女王克里斯蒂娜就曾将丢勒的油画《亚当和夏娃》赠送给腓力四世。同时值得注意的是，王室的艺术收藏中来自荷兰和英国的艺术作品却并不多，这主要是因为西班牙、荷兰和英国在宗教与国家利益方面曾有着持续几个世纪之久的冲突，西班牙王室对来自这两个国家的艺术品缺乏兴趣。实际上，普拉多博物馆的艺术收藏历史与西班牙自身的历史是交织在一起的，不仅折射出历代君主的艺术趣味，而且反映出西班牙不同时期的宗教、政治和经济发展形势。

二、15和16世纪欧洲北部的文艺复兴的收藏

普拉多博物馆最为重要而且最有特色的一部分馆藏是15世纪和16世纪欧洲北部的一些著名艺术家如扬·凡·艾克兄弟、罗伯特·康平，以及罗杰·凡·德·维登所创作的绘画，它们反映出欧洲北部文艺复兴的发展历程和特点。祭坛画《下十字架》是罗杰·凡·德·维登最重要的作品之一，也是西方艺术史学家在谈到15世纪欧洲北部的艺术创新时必然会分析的一幅作品。《下十字架》是祭坛三联画的中央部分，是由卢万的弓箭行会委托维登为卢万城外的圣母院教堂定制的。在这幅画中，画家将弩（行会的标志）作为拱肩两角的装饰融入画面里。画面描绘了基督的尸体被从十字架上放下来的那一刻，但画家没有为画面营造一个带有空间深度和风景的背景，而是把人物及其活动压缩在一个类似浅壁龛的场景里，这样就把观众的注意力集中在了前景。这样的场景设置是一个非常大胆的创新，模仿了15世纪以来在欧洲北部流行的大型石雕神龛的做法。画家对轮廓的清晰描绘以及对人物体积感的精心处理，使得这

幅绘画看起来更像一件层次分明的浮雕。这幅作品着重于场面的戏剧性，通过在有限的空间里表现人物的动作，突出了面对所有在场者的情感冲击。左侧的福音约翰和右侧的抹大拉的玛利亚都因悲痛而屈下身体，中间圣母因悲痛而晕倒过去与基督的姿势也相呼应，进一步渲染了基督为救赎人类而承受的折磨和圣母的哀痛，借此来深深地打动观众的情感。这幅作品对后来的众多绘画和雕塑都产生了重大影响。

丢勒虽然不是尼德兰的画家，但他是欧洲北部文艺复兴的一个非常重要的代表人物。普拉多博物馆收藏了几幅丢勒的杰作，其中一幅是画家的自画像。这幅自画像显示他身材修长、神情高傲，而且有着满头的下垂卷发，表现出了一个非常有贵族气质的青年形象。实际上，他的时尚而昂贵的服饰就像画中窗外山峦起伏的景色一样，都暗示了他是一个有尊严和地位，并得到人们认可的艺术家。

丢勒所创作的人物能让我们感受到他在深入表现所画对象时，内在真实的深沉观照，能够让人物的内在通过完美的形式散发出光辉。《亚当和夏娃》是普拉多博物馆收藏的非常重要的丢勒作品。这两幅版画创作于1507年，是德国绘画中最早的真人比例裸体像。相较于中世纪哥特式表现的僵硬呆板的《圣经》人物，丢勒以解剖的研究为基础，抛弃了北欧传统绘画中单薄、华而不实的色彩，用明暗对比来表现人物的柔和与感性，通过细微的动作和扬起的头发来体现人物的动态，像是在跳舞一样。他尝试在观察自然的基础上，描绘出构图均衡、姿态优美的理想化人体，追求人与自然的和谐。这幅作品最初属于瑞典的克里斯蒂娜女王，她在1655年把它们赠送给了西班牙的国王腓力四世。

15世纪尼德兰艺术非常重要的革新之一就是风景开始成为绘画的主要题材，其先驱就是帕蒂尼尔。帕蒂尼尔是与艾克、维登同时代的著名画家。他曾去过意大利，学习如何表现自然世界。丢勒曾与他有私交，并称赞他是画风景最好的画家。这一评价非常中肯，因为此前绘画的主题主要是宗教和历史，虽然后来风景在艾克、高斯的作品中有一定的重要性，但帕蒂尼尔通常被认为是尼德兰第一个专业化或专门化从事风景创作的画家。他的作品中的一些人物多由其他画家来描绘。国王腓力二世曾想要收藏他的所有作品，但是遗憾的是有很多被损坏或丢失了，现存只有六七幅，《穿越冥河》是帕蒂尼尔最著名的作品之一。

根据古希腊神话，在通往冥府的冥河上，有一个摆渡人叫卡戎，生者付钱给这位摆渡人，他就会把亡魂摆渡过河。所以古希腊人下葬时会在眼睛上或嘴里放上钱币，作为支付卡戎将亡灵在冥界渡过冥河的船资。但帕蒂尼尔在这幅画中显然将古希腊的神话与基督教的教义结合到一起了，画中不仅有冥河和卡戎，还融入了基督教的天堂、地狱以及最后的审判等内容。整幅画面被一条宽阔的蓝色冥河一分为二。冥河左岸是天堂，有着明亮的天空、清澈的湖泊、茂密的树林和平坦的草地，河岸的山坡上站着一位双翼天使，向亡者指引着进入天堂的方向；冥河的右岸是与天堂相对应的地狱，黑色的水流向由一只三头犬看守的地狱入口，远处的烈火正焚烧破坏着一切，黯淡的天空冒着浓烟，妖魔鬼怪正在横行。站在河中间的船上正在划桨的高大人物就是卡戎，坐在他身旁的就是亡者，他面朝地狱而对天堂里天使的召唤听而不闻，无疑暗示了他最后的命运。帕蒂尼尔非常巧妙地在前景中用棕色，中景用蓝绿色，远景用淡蓝色来营造画面的深度，渲染大气的效果，并且将画面最主要的部分让位于风景，宗教或神话人物多作为点缀。值得注意的是，画面中的奇异景色和极富想象力的地狱场景是受到了另外一位尼德兰重要的画家博斯的影响。

博斯的作品毫无疑问是普拉多博物馆所收藏珍品中最为重要的部分之一。但关于他的生平我们知之甚少，他在一部分画作上署名Bosch，取自他的出生地安特卫普附近的小镇斯海尔托亨博斯（'s-Hertogenbosch）。他在尼德兰绘画传统的主流之外另辟蹊径，常以独特而奇异的想象、叙事性的艺术语言赞颂生活中美好的人和事，或揭露、讽刺宗教和道德中的丑恶，他的表现方式天马行空，画中的想象复杂而富有细节，神秘莫测得让人难以忘怀，即使今天也无人能敌。建立西班牙哈布斯堡王朝的美男子菲利普和女王储胡安娜委托博斯画《最后的审判》三联画，这掀起了一阵博斯热，之后尼德兰和西班牙的王公贵族争相效仿王室的审美趣味，向博斯定制了很多作品。这也就使得普拉多博物馆无论在数量上还是质量上都可以说是收藏了博斯最好的作品的博物馆。

《人间乐园》是普拉多博物馆收藏的最著名也最为晦涩难懂的作品，到目前为止也没有哪一种解释能够普遍为人所接受。这幅大尺寸作品采用了祭坛画常用的三联画形式，整幅作品有2米多高，打开后将近4米宽。在平日，祭坛画的两翼是闭合的，人们只能看到两翼外侧的画面。每逢节日的礼拜盛会，祭坛画的两翼伴随着音乐旋律徐徐打开，宗教的仪式感油然而生。《人间乐园》闭合后的图像展现了一个巨大的球体，就像上帝在第三日创造的世界一样，干涸的大地从大洋中分离出来，地上长出野草和树木。图像上方写着上帝的话:“因为他说有,就有。”

祭坛画展开之后表现了一个充满幻想、令人着迷的世界。三联画的左翼表现了伊甸园的场景,上帝在这里将夏娃交给亚当。但是传统故事中有着奇花异草,如天堂一般的伊甸园在博斯的画笔下变成了一个充满了稀奇古怪事物的世界。在画面中心的湖里矗立着一个粉红色的喷泉状的建筑,周围的岸上有各种奇特而怪异的动物,这些魔怪的存在似乎暗示着罪恶伴随着人类同时诞生。与之相对应的右翼则非常生动地向观众展示了令人心生恐惧的地狱,左侧伊甸园中出现的妖魔鬼怪在这里主宰了地狱,它们或吞噬、啃咬人类,把贪享娱乐的人挂着、捆绑在乐器上,把赌徒钉在赌桌上;或用各种刀叉武器驱赶刺向人群;中间的黑色河流取代了伊甸园里清澈的湖水,河流里有一个人面树身的怪物正回头看向观众,远处的黑暗被四处的烈火照亮,营造出令人恐惧的氛围。博斯所描绘出的地狱充满了那些既吸引人而又令人厌恶的细节,人们需要仔细搜寻、细细观看,才能理解它们。

在天堂和地狱之间的巨大中央画板表现的是尘世间的乐园。在充满奇异生物和难以辨别的物体的风景中,裸体的男男女女在欢乐地嬉戏。充斥在画面里的果实和鸟是丰产的象征,人物多成双成对出现,对人类的繁衍有所暗示;中间尘世乐园中的放荡是地狱恐怖景象的原因,所以这件作品与其他表现最后的审判的作品一样,向观众警示放荡、罪恶、颓废和堕落行为的下场。

《七宗罪》也以道德警示为目的,描绘了人类纵欲的后果。这幅画据说也是大卫·芬奇执导、布拉德·皮特主演的同名好莱坞电影《七宗罪》的灵感来源。在画面的中间,耶稣从他的坟墓中站起来，一手指向上方暗示上帝，一手指向身上的伤口以提示他为人类赎罪所做的牺牲，他的下方有一行拉丁文写着："注意，注意，上帝都会看到！" 围绕着中间的圆轮，四周是表现七宗罪的日常生活的场景，最下方都用拉丁文标出了主题。从最底部开始，我们沿着逆时针方向可以依次看到："愤怒" ——两个农民在一个小酒馆前的草地上大打出手，他们手持尖刀，互相咒骂；"傲慢" ——一个妇女在壁柜前面梳妆打扮，她所穿的服饰、地上的财宝箱、壁柜上摆放的精美器物等都暗示了她是一个富有的妇女，她背对着观众，但傲慢的面孔出现在一面由躲藏在壁柜后面的魔鬼所持的镜子上，这暗示了她的灵魂已被魔鬼诱惑；"纵欲" ——在一片风景中有着一个圆顶帐篷，在这里有两对情侣卿卿我我，纵情享乐，小丑在为他们表演；"懒惰" ——一个修女在催促一个坐在椅子上昏昏欲睡的僧侣起来祈祷，而壁炉前的蜷成一团睡觉的小狗与这个懒惰的僧侣相呼应；"暴食" ——暴饮暴食的一家人坐在放着各种食物的桌子旁，贪吃的男子大腹便便，他一只手不断地往嘴里送着食物，另一只手持酒壶，在他腿边胖胖的孩子也伸手要吃的，旁边身体壮硕的妻子又端着一盘美食送来，桌子另一端有一个萎靡不振的男子直接抱着酒罐饮酒；"贪婪" ——一个法官正在收受一个人递过来的钱袋；"嫉妒" ——画面中左侧身穿红袍的男子希望娶的是别人家的妻子，站在门口的男子恨不得自己是手上拿着鸟的绅士，而地上的狗也咆哮着希望自己的骨头比别的狗的要大。在圆轮四周有四幅小画，分别描绘了人生最后四件事，即死亡、审判、天国和地狱。在这里我们看到地狱的场景依然沿袭了博斯一贯的风格，即用奇异荒诞的手法表现出地狱的恐怖与黑暗。

腓力二世还购买了两个版本的《干草车》，两幅都有博斯的签名，一幅收藏在普拉多博物馆，一幅收藏在埃莱斯科里亚尔。这幅作品也包含着道德寓意。当三联画合上时，画的背面表现了一位衣衫褴褛的旅行者行走在郊外。这样的旅行者在中世纪时宣布放弃财产，为了寻求精神之旅而成为流浪者，但是这样的旅途常有各种魔鬼和罪恶的诱惑或阻碍，例如近处咆哮的狗，背景中混乱和享乐都在等候着他。当这幅三联祭坛画打开时，左侧一联表现了原罪，从背叛天使的堕落到亚当夏娃被蛇诱惑以及被逐出伊甸园；中间一幅对应了当时尼德兰的一句非常流行的谚语——“世界是一辆干草车，人人从中能捞多少就捞多少。”干草在这里就象征了对尘世间财富的欲望。有权有势的人，比如教皇、国王排成队紧跟在干草车后面，而普通百姓或试图爬上梯子，或投机取巧拿着长钩，或彼此之间为了争夺或靠近干草车而互相打斗，乃至付出生命的代价。有些特权阶层可以不劳而获，例如画面右前方身体壮硕的修道院院长坐享修女们为她带来的干草。在干草车上方，有两对情侣贪享世间欢乐，却并不在意这样的欢愉是由一边弹奏乐器的魔鬼所带来的。只有孤独的天使在恳切地祈祷上方俯视世间所发生的一切的耶稣来展示他的伤口，希望借此让世人醒悟耶稣为人类的原罪所做的救赎。这辆干草车最终被荒诞怪异的魔鬼拖向右侧的一联，即大家所熟悉的博斯笔下的地狱。

博斯作品中怪诞梦魔般的形象有一种莫名的生命力和超自然力，虽然在我们看来荒诞不经，但是对于博斯同时代的观众却并不陌生，因为它们多与尼德兰的谚语典故、宗教逸事有关。无论是《人间乐园》《七宗罪》，或是《干草车》，博斯都表达了非常强烈的中世纪宗教观念，即人类在现世的罪行都将得到审判。可以说，“审判”的观念是隐藏在博斯的作品后面的看不见的手。上帝无处不在，正如《七宗罪》画面中的眼睛里描绘的那样。他的注视，是现世的审判；而死后的审判则直接分出了通往天堂和地狱的行列。博斯通过无情的嘲讽来警诫人们，以独特的艺术语言表现了人类的贪婪和欲望，面临善恶抉择时的软弱。他在画中所表现出来的奇幻实际上来自对现实的深刻观察，只是以浪漫主义的方式来表现，从而形成独树一帜的风格。

博斯的独树一帜的艺术风格对15、16世纪的艺术家产生了很大的影响，其中最为知名的就是老勃鲁盖尔。普拉多博物馆收藏了老勃鲁盖尔的《死亡的胜利》(*Triumph of Death*)，这幅画表现了欧洲中世纪的死亡之舞(dance of death)，即对死亡普遍性和必然性的思考，不管人们生前有着怎样的地位，最后的死亡之舞会将一切归为同一。在这幅画中，勃鲁盖尔延续了博斯道德训诫的传统，但是他并没有创造很多荒诞奇异的生物，而是非常形象且真实地表现了活着的和死去的人之间力量悬殊的战斗。画面中间骷髅代表的死亡骑在疾驰的奔马上，手持长长的镰刀挥向惊慌失措的人群，所过之处被收割的人堆积在一起，四面八方的人群被骷髅驱赶着最终全部奔涌向死亡之地。在前景中，不同社会地位的人也都表现了不同的罪，例如左下角衣着华丽的国王身旁的钱箱象征着贪婪。无论是右下角沉迷于感官享乐的情侣、正往桌子底下钻的懦夫还是拔出剑想要奋力一战的骑士，都无法避免最后被无情地屠杀的命运。这幅作品警示人们生命的脆弱以及对尘世财富和荣耀的追求的徒劳。

三、意大利文艺复兴的大师：拉斐尔和提香

作为最伟大的博物馆之一，普拉多博物馆还收藏了意大利文艺复兴时期的作品，其中以拉斐尔和提香的作品最为经典。拉斐尔的作品表现了文艺复兴时期和谐的美的典范。根据瓦萨里的记载，拉斐尔到罗马之后因看到了达·芬奇和米开朗琪罗的作品而深感欣喜，向他们学习如何在解剖学的基础上来表现真实的人体，如何赋予人物以优雅和动感，以及如何来表现可信的透视。在图中，圣母温柔地看着小耶稣与施洗者圣约翰，而圣母玛利亚的母亲圣安妮则面带忧愁，似乎已经知道了小耶稣的命运，木匠圣约瑟夫出现在左侧阴暗的背景中。远处不再是一片想象中的风景，而是真实地描绘了罗马有着断壁残垣古迹的郊区。在这幅表现圣家族的作品中，我们可以从人物组合的金字塔构图看出米开朗琪罗的《圣家族》的影响，而在明暗光线的对比、远处的风景以及整幅作品的色调等方面则让人联想到达·芬奇的《岩间圣母》。腓力四世收藏这幅画之后赞叹不已，称它是他所有收藏中的一颗明珠，所以这幅画也被称作"珍珠"(the pearl)。

《红衣主教像》是普拉多博物馆收藏的拉斐尔在罗马早期的一幅杰作，与他在梵蒂冈的签字厅墙壁上画的《雅典学派》创作于同一时期。由于在《雅典学派》这幅画中的一些古希腊哲学家以画家同时代的名人或朋友的形象出现，这大大提高了拉斐尔的知名度，不少罗马教廷的权贵都竞相要订购他的画。虽然学者很难确定这幅画中神秘主教的确切身份，但是他庄重的神情和高贵的衣着都暗示了这

应当是尤里乌斯二世时期教廷的权威人士。人物采用四分之三的侧面半身像，这个姿势由于《蒙娜丽莎》的成功而变得非常流行，显示出盛期文艺复兴艺术家对对象的性格和心理状态的细致描绘。画中人物的姿态优雅，色彩柔和，红色法衣的质地和纹理细节逼真可信，不仅彰显了人物的精神力量和社会地位，也显现出画家细致入微的观察和精湛技艺。

卓越的威尼斯画派绘画也是普拉多博物馆的重要收藏。这主要是因为西班牙王室与威尼斯的著名画家有着非常密切的往来，如查理五世就经常委托提香来进行创作，他的儿子腓力二世不仅延续了与提香的赞助关系，还开始收藏其他著名威尼斯画家的作品，而17世纪的委拉斯开兹也积极推进王室购买当时威尼斯画家的作品。这些都直接促进了西班牙王室大量收藏威尼斯画派的作品，使得现在普拉多博物馆所收藏的威尼斯画派画作不管在数量上还是质量上都令人瞩目。

提香是历史上几位最长寿的艺术家之一，他在人生的各个阶段不断超越自己，终于在晚年，无论是在艺术成就还是名声方面都达到了顶峰。他为西班牙哈布斯堡王朝画的最重要的一幅肖像画就是《查理五世皇帝在米尔贝格》。这幅神圣罗马帝国皇帝查理五世骑马像是用来纪念影响帝国和基督徒命运的米尔贝格战役的，即在1547年4月24日，查理五世在厄尔巴岛的海岸击败了德国的新教徒。但在这幅画中，政治方面的内涵比宗教斗争的更为重要，查理五世所骑的马的奔腾动感与他严峻而冷静的面部表情形成了鲜明对比，这也进一步强调了查理五世作为一个帝国的统治者要追求和平的意愿。远处开阔的冷色调的黄昏景象和落日最后一抹明亮更衬托了一个君主的伟大和孤独。这幅作品在图像的现实性和象征意义之间达到了很好的平衡。提香非凡的色彩感觉和通过色彩来表现光线的能力在这里也表露无遗，查理五世头盔上的红色装饰、盔甲上挂着的红色绶带，与马身上的胭脂红色马衣、马头上的装饰相呼应，而查理五世身上镶着黄金的珍贵盔甲闪动着光泽，与远处背景的天空相对应，通过这些强烈的色彩对比，提香非常成功地塑造出一个威严的君王形象，这样的画法也为后来凡·戴克和委拉斯开兹创作类似的肖像画提供了很好的先例。

提香的绘画题材非常广泛，但多数是以宗教和神话为主题。在查理五世退位之后，提香为继任的腓力二世创作了很多作品。《维纳斯与阿多尼斯》，是他为腓力二世创作的7幅神话作品中的一幅。它描绘的是古希腊神话里的爱神维纳斯和英俊的猎人阿多尼斯的爱情故事，维纳斯已经预见阿多尼斯即将在狩猎时身亡，苦苦劝说阿多尼斯放弃，虽然在这里提香没有表现维纳斯的面部表情，但是从她扭曲的身体背面我们可以感受她内心的绝望与恐惧。然而，阿多尼斯对此置若罔闻，不相信命运的安排，对他来说狩猎比爱情更具魅力和诱惑，所以他神情淡漠，甚至有些不耐烦地拒绝了维纳斯的恳求。具有讽刺意味的是，维纳斯是长生不老的神祇，而阿多尼斯只是自以为永生的凡人。提香通过画中神话人物的悲剧命运来隐喻人类生存始终受制于命运和环境的痛苦。提香对色彩的把握也妙不可言，通过细微的明暗对比，维纳斯丰满、圆润的背部和臀部展现在观众面前，与充满阳刚之美的阿多尼斯形成对比。背景中乌云密布，暴风雨为即将到来的悲剧增添了浓重的色彩。

四、欧洲北部巴洛克大师：鲁本斯

16世纪末至17世纪初，西班牙与荷兰联合省、英国之间爆发了数次战争，这也是前面提到的普拉多博物馆收藏中荷兰和英国艺术作品比较少的主要原因。但是欧洲北部的最伟大的巴洛克艺术家鲁本斯忠于天主教，他所在的安特卫普也属于西班牙的势力范围，所以极具外交天分的鲁本斯在1628年至1629年得到了西班牙王室的委任，到欧洲多国进行外交工作。西班牙国王腓力四世对鲁本斯的作品情有独钟，他的大臣和政府官员也都纷纷订购鲁本斯的作品，虽然其中不少是由他的工作坊绘制的。因此，鲁本斯大量的作品都流入了西班牙，这也是为什么今天普拉多博物馆会成为收藏鲁本斯作品最多和最好的一个博物馆。

其中最知名的一幅是《美惠三女神》(*The Three Graces*)。根据赫西俄德的《神谱》，美惠女神是宙斯和欧律诺墨的女儿。光辉女神、激励女神、欢乐女神代表了美丽、青春和幸福。与文艺复兴早期的波提切利的《春》中优雅的美惠三女神以及拉斐尔圣洁的三女神相比，鲁本斯的三女神更接地气，看起来健硕而丰满。这样丰满的身躯虽然不像前面两幅作品那样优雅，但是洋溢着生命的活力，女神们的表情欢乐而自信。创作这幅画的时候，鲁本斯已经超过50岁了，他的第一任妻子去世了三四年，而他又刚刚娶了16岁的妙龄少女，年轻丰满的海伦·芙尔曼。三女神中最左侧的女神就是以他的年轻妻子为模特的，而且鲁本斯一定非常喜欢这幅作品，一直将其留在私人收藏中，直到去世后才被腓力四世获得。

腓力四世的寝室中还曾装饰着鲁本斯创作的一幅尺寸巨大的《爱之园》(*The Garden of Love*)。画面左前方就是画家本人紧紧拥抱着年轻的妻子，在翩翩起舞，画面右上角有一个女神骑伏在一头海豚上，象征着爱情和繁殖力，天空里带来鸽子和鲜花的小天使暗示着爱情的力量，画面中央有绅士和年轻貌美的贵妇人们正在愉快地交谈。这幅画赞美、歌颂爱情带来的幸福，作品所体现的欢乐处在现实和梦想之间，既有画家自画像的性质，又有想象的成分。画面里的色彩丰富，强烈的明暗和流动的线条来加强了画面的运动感。腓力四世将之放在寝室中，无疑表明他对鲁本斯这一画作的喜爱。

五、西班牙本土的大师

普拉多博物馆还收藏了很多西班牙本土大师的作品，其中最为著名的画家有埃尔·格列柯、委拉斯开兹和戈雅。格列柯出生于希腊的克里特岛，原名多米尼克斯·希奥托科普罗斯。年轻时他在希腊非常喜欢拜占庭圣像，后来在威尼斯、罗马等地学习绘画，在36岁时移居到西班牙，而后来西班牙的天主教对他的绘画探索有了进一步重要的影响。他的作品人物的形体因拉长而显得怪异，但因为其主题多为圣像画，其内在的庄严平衡了这种扭曲，给人一种超拔向上的感觉。例如《耶稣受难》，画中所有的人物都被设置在一个虚幻的、空洞的没有背景的空间里，却表现出西班牙天主教的宗教狂热。画面下方的圣母和圣徒的身体都被过分拉长，似乎都失去了真实的比例；他们向上看去的目光引导观众的视线不由自主望向十字架上的耶稣。耶稣两旁有天使用手收集他伤口里流出的鲜血。整幅画面有着强烈的情感冲击力，同时也充满神秘主义的氛围。格列柯在宗教题材的绘画中最关注的是情感，尤其是如何表达出他的宗教热情并唤起观众的热情。画面中超自然的色调、拉长而扭曲的形体演化为精神的幻象，从而形成一种充满张力的个人风格。

委拉斯开兹被认为是17世纪西班牙最伟大的画家。他的绘画生涯基本上都是在国王腓力四世身边度过的，为腓力四世和王室成员绘制了很多作品。他最为人们所熟知的一幅作品就是《宫娥》，这幅作品展现了他对复杂的形式和内容的娴熟掌握，以及对多层叙述的再现。在画面的中间，我们看到年幼的公主玛格丽塔和她的两个宫女，以及后面的一个男性护卫和一个妇女，画面右前景有一个宫廷里的侏儒和一条大狗，旁边有一个小男孩正非常调皮地踩向大狗。这一场景有几个旁观者，一个就是画面左侧的手持调色板和画笔的画家本人，站在巨大的画架前正要记录这一刻，在房间的后方一侧镜子里出现了国王腓力四世和王后肖像。其中腓力四世的相貌与委拉斯开兹在1628年为国王绘制的肖像极为相似，都有一种单薄的贵族之美。画中还有一个绅士出现在明亮的走道中，他们似乎在共同见证这一时刻。委拉斯开兹关注场景中的每个细节，非常真实、形象化地表现了不同空间层次下的各种不同的形象，他描绘了画布中的图像、镜子里的图像、视觉图像和背景中两幅复制鲁本斯作品的图像，这一切都形成巧妙的对比，使得整个场景都成为一面镜子，这就意味着，画家并没有把公主和她的随员作为这幅画的主题，相反，在画和记录这一切的画家是主角，他赋予了视觉世界神秘性和不同图像层次的交织。

普拉多博物馆还收藏着西班牙画家弗朗西斯科·戈雅的作品。与同时期的浪漫主义艺术家相比，他做出了不同的尝试。他在漫长一生中创作的充满激情的作品不仅是他对浪漫主义视觉表现的探索，也表现了他所处的西班牙的动荡和他自身生活的矛盾冲突。他对现代世界独特的、深刻的见解，使他的作品更接近于将古典的形式和个人的激情糅合起来的巴洛克风格。

与委拉斯开兹一样，他也是宫廷画师，并且后来被提升到了首席宫廷画师的地位，创作了很多作品。比如在创作《查理四世一家》这幅作品之前，他在王宫里对画中出现的这些人都做了细致的观察，普拉多博物馆有他为此画下的十幅草稿中的五幅。戈雅曾经说他以委拉斯开兹、伦勃朗和自然为他的老师，所以这幅画也很自然地受到了委拉斯开兹的《宫娥》的影响，所有的王室成员被安排在一个空间中面向观众，但在这里画家把自己安排在左侧的阴影里。戈雅以冷酷的洞察力，淋漓尽致地表现出王室家族的傲慢、笨拙、呆板和自以为是，用细致逼真的笔触表现出他们华丽的绸缎、炫目的华服、无比精美的首饰和装饰，但是完全没有美化看起来愚笨的国王、傲慢的王后和矮胖的继承人。实际上，即便戈雅靠为王室作画谋生，但他以一贯洞察，为王室所创作的这幅巨幅群体肖像画正深刻地表现出王室成员内心的虚荣和自命不凡。

戈雅最伟大的作品是反映法国入侵的《1808年5月3日》，戈雅在这里用了非常粗犷的笔触，描绘了在1808年西班牙人反抗拿破仑的斗争开始后，法国士兵残忍射杀手无寸铁的恐惧的西班牙农民的场面。死去的人躺在地上，流淌的鲜血触目惊心，跪着的农民们脸上的恐惧和极度痛苦的表情激起观众的同情，与对面整齐划一的冷酷的射击手形成鲜明对比。光线集中在即将被射杀的农民身上，他高举双手，形成十字架的姿势，让人联想到基督，但是他英雄般的姿态并没有消除周围人的绝望和恐惧，人们可以想象下一刻鲜血就会染红他身上的白衬衫。

戈雅通过鲜明的明暗对比来加强场景的戏剧性，即将死去的人们背后是一座被照亮的小山丘，士兵们站在阴影笼罩的平地上，中部的背景是死气沉沉的城市。戈雅在这里表达的固然是对法国士兵暴行的谴责，但更多的是对人类善恶的深刻剖析。在这里，端着步枪的是普通人，然而他们做了战争的机器，牺牲的也是普通人，也就是说人有可能既是行刑者又是受刑者。通过呈现出普通人身上潜藏的善与恶，画家对人性进行了深刻的思考。

普拉多博物馆还有很多不朽的艺术作品，由于篇幅限制，无法一一介绍。希望热爱艺术的读者，在去欧洲旅游时也将西班牙的普拉多博物馆作为一个目的地。当漫步走过博物馆前绿茵茵的一片草坪，流连于令人赞叹的艺术瑰宝时，我们不仅走进了艺术大师们的精神世界，也深入体验西方文明发展的瑰丽历程。这也正是普拉多博物馆的魅力所在。

第八章　艾尔米塔什博物馆

丁　宁
北京大学艺术学院教授

艾尔米塔什博物馆坐落在圣彼得堡的涅瓦河畔，这是一个巨大的博物馆，大约有300万件藏品。它建于1764年，约从1852年起向公众开放，历史悠久。在这座巨大的博物馆中，仅展览动线就接近20公里长，所以参观者即使一路快跑都很难在一天内参观完。曾有人开玩笑说，艾尔米塔什博物馆是一座永远都参观不完的博物馆，因为它的体量实在是太巨大了。

艾尔米塔什博物馆与三位历史人物有着密切的联系。第一位也是最重要的一位人物是凯瑟琳二世，在她的极力倡导下，艾尔米塔什博物馆才有了如今最重要的藏品；之后的一位是彼得大帝，他也对丰富博物馆的收藏起到了关键作用；第三位是凯瑟琳二世的孙子亚历山大一世，他曾击败拿破仑领导的法国军队，立下了赫赫战功，也正因此有机会收集到了来自法国以及欧洲其他国家的艺术精品。

在这三位历史人物的影响下，今天的艾尔米塔什博物馆成为世界四大博物馆之一，藏品范围无所不包，地位极其重要。

一、文艺复兴时期绘画代表：达·芬奇

艾尔米塔什博物馆藏有许多文艺复兴时期的重要作品，足以让所有的参观者印象深刻。达·芬奇所作的《哺乳圣母》尤为如此。

在达·芬奇笔下，圣母身着普通的佛罗伦萨妇女装束，怀里抱着裸体的圣婴。中世纪时对圣婴的形象塑造往往有着矛盾性，即虽然圣婴有着婴儿的身份，但为了强调他的与众不同，画家往往会赋予其一些与年龄不符的沉稳、严肃和老成。但这样的塑造往往会给人带来一系列认知上的疑惑：圣婴究竟是不是婴儿？而文艺复兴时期的艺术家在塑造圣母像和圣婴像时就与前人不同，他们让这些神圣的人物回归到了普通人的位置，可以说是一种伟大的创举。达·芬奇的这幅画中所表现的圣母也是这样一种慈祥美丽的形象，怀抱圣婴，眼中满是慈爱。加之婴儿胖胖的模样、可爱的神情、手指抓住母亲乳房时的满足感，都像是一幅来源于现实生活的温馨场面。

另有一些微小的细节体现了艺术家的非凡才能。例如画中圣母头纱透明的质感，头发闪光的质感，以及用蓝色渲染的远方风景的纵深变化，都体现出一种迷人的层次。还有一些细节暗含了宗教象征意味，比如圣婴在左手捏着的一只小鸟，头上有一块红的颜色，这正暗示了圣婴日后所要经历的一次巨大磨难——在十字架上受刑流血。

这幅作品还体现了达·芬奇对人体的兴趣，尤其是他通过解剖

人体而对人体各种肌肉、骨骼的位置的精准把握。这幅画与过往的圣母形象，尤其是圣母在哺乳时的形象有着很大的差别，这个差别就在于画中圣母乳房的位置，过往的艺术家总是表现得不够准确，这就大大影响了形象的真实性和感人的程度。相比之下，达·芬奇对哺乳画面的描绘尤其符合人体的解剖特点，这就令人信服地传递出了温馨的母爱氛围。

从某种意义上来说，达·芬奇所作的这样一幅表现圣母和圣婴的画作，它的意义是多层面的。与其说它表现的是一个司空见惯的宗教题材，不如说是在一定程度上使参观者对来自现实人间的普普通通的人的情感有了更加深刻的理解。这既是一幅宗教题材的作品，同时，它也表现了人性的美好和现世的温馨。

艾尔米塔什博物馆里另一幅达·芬奇的画作《柏诺瓦的圣母》，同样也是每个参观者争相一睹的名作，也同样体现了达·芬奇作品中现实色彩和世俗气息的一面。

这幅画中的圣母不再穿着任何华丽的服饰和装饰，是一个非常普通的女性形象，难得的是，圣母在此处变成了一位笑容可掬、陪伴着孩子的母亲，而婴儿在母亲怀里，因为害怕身体失去平衡而紧抓住母亲的手时那种可爱的模样也被精准地表现了出来。相较于宗教的气氛，达·芬奇在这样的画面里更想表现的是普通母子之间亲子时刻的美好动人。圣母的题材和宗教的故事在达·芬奇笔下变成了具有现实色彩的感人瞬间。

有很多学者指出，这幅画影响了后来的很多人，包括与达·芬奇生活在同一时代的天才拉斐尔。拉斐尔受到这幅画的启迪后，曾在《粉红色的圣母》里创作出了同样风格的圣母像。

二、印象派绘画

在艾尔米塔什博物馆，人们还能看到来自欧洲的极为重要的绘画流派——印象派的代表作，比如莫奈的作品《花园里的女人们》。这幅画表现了三位女性在花园里的情景，在印象派绘画史上有着十分重要的意义，特点显著。例如画中撑着遮阳伞的女性，因为遮阳伞对着阳光的方向，而阳光透过遮阳伞会在皮肤上形成一种逆光造成的光影效果，所以莫奈着重刻画了人物在光线被遮挡时呈现出的真实肤色，表现出的光线效果极其精准。有许多人并不相信皮肤在被遮住的阳光下会呈现这种颜色，可是当他自己撑伞站在阳光下去试验时，所见的肤色就是如此。不仅如此，莫奈将阳光投射在浅色衣服边缘上闪闪发光的效果、光线透过树丛时的特殊效果都展现得非常精彩，这正是对印象派重视描绘光影变化这一特点的最佳体现。

曾画过不同天气、不同时间下的蒙马特林荫大道的毕沙罗，也有一幅作品藏于艾尔米塔什博物馆中——《巴黎蒙马特大街》。这幅作品表现的是下午时分，阳光照射在大道上，人流如织的繁华景象。这个情景与毕沙罗在别处所画的夜间林荫大道、雨中林荫大道构成了一系列著名作品。

三、现代主义绘画代表：马蒂斯

在艾尔米塔什博物馆，人们还能看到一些精彩的现代主义作品，例如野兽派绘画的代表马蒂斯的《红色的房间》。这幅画如今并不在该博物馆展出，而位于它对面一栋办公楼里新开辟的展览空间里，但它仍然是一件非常重要的艾尔米塔什馆藏现代主义代表作。

在这幅作品中，有一些看似矛盾的现象被奇特地融合在画面当中。比如画中窗外的景色，原本应该有着由近向远的景深，但它看起来和墙上的挂毯、桌上的台布似乎处于同一平面。色彩的组合和平涂由此让整个画面显现出一种特别的效果，包括人物身上黑色色块和背景红色色块之间的强烈对比也是如此。这是一幅非常奇妙的画作，在现代主义绘画里具有里程碑意义，画面尺寸也十分巨大，若是有机会来到原作前参观，一定会被留下深刻的印象。

马蒂斯在1910年还完成了一幅巨幅画作《舞蹈》。这幅画不完全属于博物馆的展览位，它原本是当年马蒂斯受一位俄国富商委托而完成的作品。富商的要求是想在自己的别墅里从一层到二层的楼梯转角处看到这幅画，用意在于忙碌一天回到自己的住所后，可以感受到与工作完全不同的愉悦、轻松，甚至是享乐主义的气氛。而马蒂斯对完成这样的画向来得心应手，因为他自己有一个特别的信念——艺术应该像一把安乐椅，给人带来轻松快乐。马蒂斯将自己的艺术观念融入其中，以这幅画回应了赞助人的要求。作画时，马蒂斯有意识地应用了法国乡村舞蹈的动作，但并没有完全照搬，而是把人物处理为裸体形象，同时表现出了一种儿童画般稚拙的效果，线条并非十分精确，色彩也好似孩童涂抹。但这幅画呈现出的效果十分特别。有许多学习艺术的人在临摹这幅画时，常会发现它比一幅其他更复杂、描绘更细腻的画还要难以呈现，原因在于马蒂斯为整体画面创造的气氛和情绪感染力都十分独特。作品的线条和色彩都简约到了惊人的地步，但与此同时，画面的动态和画中的欢乐情绪也营造出了一种难以复制的独特氛围。这幅画和纽约现代艺术博物馆藏的《音乐》原本存于同一间别墅，但因为收藏的问题，现在分隔两地。若是能将这幅画和《音乐》一同欣赏，人们当能对像马蒂斯作品这样的现代主义绘画产生更多理解——绘画有时不仅是一幅画面，它还和身处的特殊环境有着联系。

四、朱庇特雕像

在艾尔米塔什博物馆的所有雕像作品中，朱庇特雕像十分值得一谈。朱庇特是罗马神话中众神之王的名字，相当于希腊神话中的宙斯。这尊雕像的重要之处在于，它的作者是古希腊历史上最伟大的雕塑家，雅典帕台农神庙中雅典娜神像的塑造者，同时也在奥林匹亚的宙斯神殿里塑造了宙斯神像的人——菲狄亚斯。而宙斯神像在今天已经再也不为人所见。但在历史上见过这尊雕像的人曾留下文字记录说，人们看到这尊雕像时会尤其在意，担忧雕像会不会突然起身，因为如果雕像像宙斯平日发怒时那样起身，整个屋顶就会被掀掉。可是流传至今的只有这些描述的文字，而不见这尊雕像实际的样子。而艾尔米塔什博物馆里这尊来自古罗马的复制品，多少可以体现出菲狄亚斯当年塑造的宙斯神像的神韵。这尊雕像是一个坐在御座上的神的形象，但是他的力量感和肌肉状态让观者无不有一种他随时都会怒而起身的感觉。这尊雕像是当今的人们了解古希腊雕塑时一个非常可靠的参照对象。

五、卡诺瓦的雕塑代表作

在艾尔米塔什博物馆，人们还可以看到新古典主义时期意大利最伟大的雕塑家卡诺瓦的雕塑。在馆中的雕塑长廊上，一尊男性雕塑十分引人注目。他正处于一个头向后转的姿势，可是表情显现出无限的痛苦和后悔。这究竟是一件怎样的作品？

这正是卡诺瓦的《俄耳甫斯》。首先需要注意的是，这尊雕塑其实是不完整的，它理应由两个人物形象组成。身居前方，身体向后转、脸上充满悔恨神情的这个人，是传说中的音乐家俄耳甫斯。据说俄耳甫斯的音乐无比迷人，当他的音乐响起来的时候，每个听众都会心生感动，就连大自然中的动物也会停下脚步，聆听这美妙的乐声。某种意义上，俄耳甫斯常被比喻为文明的力量。因为音乐来自人的创造，当音乐响起来时，人和动物都会有所感动，这其实是将野蛮转变为文明的一种契机。音乐在这之中扮演了十分微妙的角色。

这位大有作为的音乐家的妻子名叫欧律狄斯，她先丈夫而去世。欧律狄斯死后，俄耳甫斯想念妻子不能自拔，于是带着乐器前去冥府演奏。他的乐声如此动听，就连掌管地狱的冥王都被感动了。于是冥王答应俄耳甫斯，可以把妻子从地狱带回人间，让她重获新生。但是这些都有一个前提——俄耳甫斯在把欧律狄斯带出冥府时，绝不可以看她，如果回头看她，欧律狄斯就要重新回到冥府，失去回到人间的机会。但是俄耳甫斯实在是太过思念妻子了，他带着欧律狄斯走出冥府时，实在忍不住相见的欲望，情不自禁地回头望了一眼——就在那一瞬间，他立刻就后悔了，因为这一眼让欧律狄斯失去了回到人间的机会。

卡诺瓦表现的正是这一瞬间。当俄耳甫斯回头看向欧律狄斯时,他所有的痛苦、渴望和后悔都尽数表现在了脸上,而欧律狄斯伸出手的姿态也表现出了万般无奈,因为在她眼前就是生的希望,而现在,她却失去了这最后的希望。

虽然艾尔米塔什博物馆中的这尊雕像并不完整,只有俄耳甫斯的那一部分,但它依然蕴含着无比的表现力,因为被雕塑家定格下来的这一瞬间流露出太多的情感,它静静地体现在石料的轮廓上,但那种震动人心的悔恨和痛苦,却充满了力量。雕塑家将雕塑背后的故事全部浓缩在这个表情上,便将雕塑的表现性推到了一种前所未有的高度。过往的雕塑作品很难去承载特别复杂微妙的情感,往往只能概括地表现,但卡诺瓦创造出的俄耳甫斯以复杂的表情和蕴含情感的身体动作成为雕塑中难得的创举。当人们凝视这样的雕像时,自然会百感交集。

人们还能在这里看到卡诺瓦的其他一些精品,比如《小爱神与普赛克》。普赛克是一位美丽无双的少女,她的美甚至让爱与美的女神阿佛洛狄忒都心生嫉妒。阿佛洛狄忒设计,派自己的儿子小爱神去让美丽的普赛克爱上一个怪物,不想让她的美丽得到焕发的机会,而小爱神在看到普赛克的第一眼时就无法控制自己的情感,全心爱上了这个少女。两人之间发生了种种故事,例如小爱神曾提出了一个苛刻的条件:每次和心爱的恋人见面时都不可以有亮光。但普赛克实在是太好奇了,有一次就点上蜡烛去偷偷观望熟睡中的小爱神,结果滴下的蜡油烫醒了小爱神,小爱神愤然离去。当然,故事的结局总是有情人终成眷属,可是在此之前,还有一个最为艰难的考验。普赛克从冥府取来了一种送给维纳斯的香水，拿到香水后，普赛克好奇地打开，结果这种来自地狱的香水暗含一种永眠的魔咒，这正是普赛克和小爱神能够结合前的最后一个考验。这时，幸亏爱着普赛克的小爱神及时赶到，让她在亲吻当中获得苏醒的可能。这座雕塑表现的就是两人在接吻时的瞬间，是故事中最感人的高潮。今日，参观者们在卢浮宫和艾尔米塔什宫都可以见到这座新古典主义的力作，以及这一被永久保留下来的美丽姿态。

卡诺瓦的许多雕塑都能让人觉得仿佛回到古希腊时代，因为他创作的雕塑常以古希腊神话里的形象为题材，充满希腊气息。例如正在为宙斯斟酒的美女赫柏，卡诺瓦选择了这一瞬间，展现出她优美的姿态以及一种动态的美感。此外，人们还可以看到卡诺瓦创作的《美惠三女神》。美惠三女神代表了妩媚、优雅、美丽，这样的雕塑是一种美的结合，传达了生活的理想和价值的意味。在姿态形象上，这座雕塑具有古希腊雕塑的韵味，它的整个造型观念都跟希腊联系在一起，这也是新古典主义时期的一个风尚。

除了在艾尔米塔什博物馆，人们还可以在电影《公民凯恩》影射的美国报业大亨威廉・赫斯特的赫斯特城堡中见到类似的雕塑。赫斯特城堡位于加利福尼亚州，其花园当年是许多好莱坞明星光临的地方，在这里就有一座同样的美惠三女神雕塑。

六、《永恒的爱》

艾尔米塔什博物馆的藏品可以让参观者完整地感受到西方艺术的每一个历史阶段，无论是绘画还是雕塑。因此，这是一所艺术研究者、参观者和爱好者都无比向往的博物馆。我们不妨以罗丹的雕塑《永恒的爱》作为这场艾尔米塔什博物馆之旅的收尾——这座雕塑表现的是两个人在亲吻时亲密无间的场景，背景粗糙的未完成感与前景人物接吻时表现出的永恒之爱的情景形成了鲜明对比。以这个作品开发出的小型复制品，是艾尔米塔什博物馆十分受欢迎的文创商品之一。这件精美的小礼品代表着博物馆里丰富的收藏和精彩的展品，只要见到它，一定可以唤起你对艺术永恒的爱。

第九章 慕尼黑巴伐利亚绘画陈列馆

王　加
知名策展人

一、慕尼黑巴伐利亚绘画陈列馆（老馆与新馆）的历史

提起慕尼黑，球迷肯定马上想到拜仁慕尼黑队；酒友或许向往着慕尼黑啤酒节；车迷肯定听闻过著名的宝马博物馆；对热爱自然风光的人来说，这里还有全世界面积最大，对公众免费开放的“英国花园”（English Garden）。然而，或许很多人都不知道，作为德国三大博物馆群的慕尼黑博物馆群也坐落在市中心。

那么德国三大博物馆群究竟是哪三大呢？它包括：

1. 柏林国家博物馆群；

2. 德累斯顿国家艺术收藏馆；

3. 巴伐利亚国家绘画收藏馆。

柏林国家博物馆群由包括博物馆岛在内的15个分馆和4个研究院组成，它们都坐落于柏林市，集合了来自各种文化、各时期的500

多万件藏品。柏林国家博物馆群以藏品种类的多样性和丰富性取胜。仅博物馆岛上的5座博物馆：老博物馆、新博物馆、老国家画廊、博德博物馆和佩加蒙博物馆便囊括了庞大的古埃及、古罗马、古巴比伦及中亚文明藏品；精美的德意志民族大师绘画以及跨越欧洲各时期的雕塑艺术。

德累斯顿国家艺术收藏馆由古代大师绘画馆、瓷器馆、雕塑馆、珍宝馆甚至兵器馆等14个分馆组成。相比之下，德累斯顿国家艺术收藏馆则以欧洲藏品规模最大的珍宝馆之一绿穹珍宝馆享誉全球（2019年年底有珠宝被盗的便是绿穹珍宝馆）。此外，藏有拉斐尔传世名作《西斯廷圣母》的古典大师画廊以及拥有大量明清瓷器的瓷器收藏馆也是德累斯顿国家艺术收藏馆引以为傲的亮点。

巴伐利亚国家绘画收藏馆则包括比邻而居的慕尼黑巴伐利亚国家绘画陈列馆老馆和新馆、旁边的当代艺术博物馆，以及坐落在不远处的布兰德霍斯特博物馆。作为德国三大博物馆群之一，位于慕尼黑市中心的巴伐利亚绘画陈列馆老馆和新馆则有着全世界都能排进前十的绘画收藏。老馆囊括了从中世纪文艺复兴时期和巴洛克时期直至洛可可时期的藏品。而新馆则以“从戈雅到毕加索”这个响亮的口号简明扼要地概括了馆内的藏品范围。

放眼全世界知名的博物馆美术馆，大家或许会发现：很多重量级大馆的诞生都是建立在皇家收藏和贵族富豪私藏的基础上的。最耳熟能详的包括世界四大博物馆中的巴黎卢浮宫博物馆和圣彼得堡艾尔米塔什博物馆（俗称“冬宫”），佛罗伦萨乌菲齐美术馆以及我国的故宫博物院等都在此范畴之内。

特别值得一提的是，德国三大博物馆群的前身全部都是皇家贵族的私藏——柏林国家博物馆的前身是由普鲁士国王腓特烈·威廉三世所兴建的“皇家博物馆”；德累斯顿国家艺术收藏馆的前身是德累斯顿选帝侯奥古斯特一世于1560年所设立的艺术收藏室，继而由他的第六任继任者，酷爱艺术收藏的“强力王”奥古斯都二世进一步奠定了今天德累斯顿国家艺术收藏馆的藏品基础；而今天要给大家介绍的慕尼黑巴伐利亚绘画陈列馆老馆和新馆中的收藏，就出自位列德意志几个古老贵族世系之一的维特尔斯巴赫家族。

自1180年神圣罗马帝国皇帝腓特烈一世将巴伐利亚州封与维特尔斯巴赫家族的奥托一世之后，这一古老的贵族便开启了长达八百年的漫长统治。家族中不仅诞生了名满天下的茜茜公主；以对艺术的狂热追求而著称，兴建了包括被迪士尼采用为商标原型的新天鹅城堡，同时也是瓦格纳的忠实崇拜者和资助人的“天鹅王”路德维希二世国王；还有本章将要重点提到的，慕尼黑巴伐利亚新老绘画陈列馆的缔造者——“天鹅王”路德维希二世国王的祖父——路德维希一世。

1826年4月7日，路德维希一世委托建筑师利奥·冯·克伦泽设计并建造老绘画陈列馆。修建这座专门陈列绘画收藏的美术馆，其用意是陈列家族在过去三个世纪中名贵的绘画收藏。尽管巴伐利亚公爵威廉四世夫妇自1528年起便致力于艺术品收藏，但庞大的维特尔斯巴赫家族收藏却是由他们的儿子阿尔贝托五世于1550年至1579年奠定的。在这之后，历朝历代的巴伐利亚公爵继任者们都在为丰富家族收藏而不懈努力。而维特尔斯巴赫家族历经三百年的心血最终在路德维希一世手中绽放。待到1826年老绘画陈列馆奠基之时，家族的绘画收藏已达八千余幅。自1836年竣工至今，老绘画陈列馆始终在展陈自14世纪文艺复兴时期至18世纪的西方经典大师名作，而其中绝大部分藏品均出自维特尔斯巴赫的家族私藏。在老绘画陈列馆落成之后，热爱艺术的路德维希一世并未停下他兴建绘画陈列馆的脚步。1853年，与老绘画陈列馆仅一片草坪之隔，以收藏19世纪近现代艺术为主的新绘画陈列馆也随即落成。如今，路德维希一世国王的画像，一幅摆在老绘画陈列馆正门的入口处，而另一幅摆在街对面的新绘画陈列馆展厅中。对比两幅作品，乍看以为是原作与复制品，而只有细看展签才会发现其实是不同作者所绘，但两者几乎毫无区别，让人不得不佩服那个时期画家们普遍高超的造型与写实能力。而将国王路德维希一世的画像分别收藏于新老两馆当中，足见他对于这两座博物馆的重要性。慕尼黑能成为当今德国最举足轻重的艺术城市之一，他应该居功至伟。

想用一个章节详细介绍新老两馆的藏品是完全不可能的。在这里，我精选了部分不容错过的精品以及在西方艺术史中的重点作品，与大家简单分享一下。

二、老绘画陈列馆重要藏品

（一）乔托笔下的最后晚餐

我们都很了解达·芬奇著名的壁画《最后的晚餐》，这一圣经题材被画家于1495年至1498年期间画在了米兰圣母感恩修道院餐厅的墙上，那里至今仍是全世界艺术爱好者竞相前往的景点之一。然而，达·芬奇并非首位描绘此题材的艺术家。慕尼黑巴伐利亚国家老绘画陈列馆就收藏着一幅比达·芬奇壁画早近两个世纪的《最后的晚餐》，作者就是被认定为意大利文艺复兴的开创者，集画家、雕刻家与建筑师等多种身份于一身的乔托。

在这幅仅比A4纸稍大，创作于约1306年，被路德维希一世购回的《最后的晚餐》中，整个画面以一条装饰精美的走廊和座椅下方的细微透视构成了一个整体。线条、色调、颜色的使用创造出了平面上的三维错觉。耶稣和围坐在长桌四周的使徒们占满了整个画面。耶稣并未像达·芬奇版本中以焦点透视法居中而坐，而是坐在长桌的一侧，搂着靠在他胸口的使徒乔瓦尼。从画面的人物表情和肢体语言可以看出，乔托已开始脱离了中世纪“面无表情”的绘画风格，更倾向于突出人类情感的表达，而这也符合文艺复兴推崇人性的主观思潮。

（二）三幅拉斐尔

尽管达·芬奇的《康乃馨圣母》也收藏在老绘画陈列馆中，但在20世纪以前，“文艺复兴三杰”中最受西方世界推崇的艺术家并不是达·芬奇，而是比他小31岁的拉斐尔。学术地位与艺术价值最高的也不是《蒙娜丽莎》，而是目前收藏于德累斯顿古典大师画廊中由拉斐尔所作，刚刚于2012年度过500岁生日的《西斯廷圣母》。鉴于拉斐尔英年早逝的事实，任何欧美大型博物馆的藏品中倘若拥有一幅拉斐尔的作品，都能将整个博物馆在业内的地位提升几个档次。

在老绘画陈列馆的文艺复兴展区中，《卡尼吉安尼圣家族》居中而置，《坦比圣母》和《幕布圣母》分列左右两侧，被大红色的展墙映衬着，任何观者都不可能错过这三幅画。其中《卡尼吉安尼圣家族》和《坦比圣母》是拉斐尔还未离开佛罗伦萨时的作品，从中我们可以明显感觉到达·芬奇的金字塔构图以及精致的天蓝色背景对拉斐尔的巨大影响；而《幕布圣母》则是他在梵蒂冈时期的创作，更突出了他笔下细腻的色彩和优雅的圣母形象。在意大利本土以外的老绘画陈列馆能够并排陈列着三幅拉斐尔真迹，其中两幅还是由路德维希一世所亲自购回，这充分印证了这位君主为老馆所积累的丰富藏品基础直接奠定了老绘画陈列馆在欧洲博物馆界举足轻重的地位。

（三）14幅丢勒真迹

相比较馆藏的三幅拉斐尔真迹，真正令老绘画陈列馆盛名在外的，是它的共计14幅“德国最伟大画家”阿尔布雷特·丢勒的作品。

活了56岁的丢勒，为世人留下大量的艺术作品，以版画、水彩、素描为主。而与拉斐尔三幅圣母像同室而置的，还有一幅中外任何西方美术史籍中所必须收录的代表作：由阿尔布雷特·丢勒创作于1526年的《四使徒》，其在西方艺术史的地位可见一斑。这幅著名的《四使徒》也曾收录于我国的小学美术课本中。这幅《四使徒》是丢勒创作之后赠给纽伦堡市参议会的，毫无疑问是他去世前最成功的作品之一。当时的纽伦堡坚持马丁·路德的宗教改革，市民开始以暴力方式反对教廷及其支持者，连艺术家的作品都受到牵连。除了酬金大幅下降之外，很多绘画和雕塑因“反对偶像崇拜”而被从禁止宗教图像的教堂中摘除，然而，始终支持路德宗教改革的丢勒却并未受到波及。在这幅作品中，丢勒分别画了耶稣的门徒约翰、彼得、保罗和马可。

在以往的《四使徒》创作当中，画中应绘有圣母以建立一种神圣的对话。但鉴于纽伦堡的宗教改革不允许圣母出现，丢勒也就顺势将四使徒两人一组变成对称的组画。左图中，年轻俊秀的使徒约翰穿浅绿上衣外披红色袍服，侧立着聚精会神地阅读着手中的圣经；一旁年迈的彼得也低着他宽大的前额，俯首阅读，他手中攥着巨大的金色钥匙，二人的神情温和而善良。右图中，披着浅绿色袍服的保罗，左手捧圣经右手握利剑，怒视的双目显示出刚毅的性格，深邃的眼神锐利且咄咄逼人；他身旁的马可，手握经卷，机警地注视着四周。丢勒通过细致的脸部神态和肢体语言描绘让两组人物的形象与性格形成鲜明对比。在画面底端书写着如下文字："在这动荡不安的年代，愿所有执政者时刻戒备，别把谬言视作神谕，因为上帝从不给自己的话增减只字。为此，我希望大家聆听这四位至尊至善的使者的劝告。"这两幅画历来被看作德国宗教改革时期的艺术丰碑，它体现出丢勒的人文主义思想，蕴含着丢勒对宗教改革的态度，也显示其油画艺术中宏伟、概括、严谨、有力的特点。

除了《四使徒》之外，丢勒的14幅作品还包括《奥斯沃特·克雷尔》、《鲍姆加特纳圣坛》、《哀悼耶稣》和著名的《穿皮草的自画像》等。其中创作于丢勒28岁时的《穿皮草的自画像》应是他所有自画像中在各类艺术书籍中出镜率最高的一幅。自文艺复兴时期开始，画家们开始有了"艺术家意识"。丢勒在这幅自画像中就把自己的外形描绘得像耶稣在拜占庭时期的模样，充分展现了他在年轻时就具备了身为艺术家的自豪意识，并试图在画中强调艺术家的尊严。14幅丢勒的真迹，陈列在老绘画陈列馆的不同展厅中，需要观众仔细留意才不会错过。其实，若说在欧洲逛博物馆的乐趣和享受，其中之一便是在不经意间发现自己所非常熟识的作品。意外之喜，着实过瘾极了。

（四）鲁本斯与凡·戴克——永远的邻居

说到藏品数量庞大，除了馆藏的14幅丢勒真迹之外，慕尼黑巴伐利亚国家绘画陈列馆老馆所收藏的鲁本斯爵士真迹则更加令人惊叹。《与妻子伊莎贝拉·布朗特的自画像》《塞内卡之死》《喝醉的西勒诺斯》《劫掠吕希普的女儿们》《亚马逊之战》《诅咒者的堕落》等，走进宽阔的中庭，你肯定会为房间中满眼的鲁本斯作品所震撼。而作为鲁本斯爵士口中称赞的“最好学生”，安东尼·凡·戴克爵士的主题展厅也紧邻着摆放自己恩师作品的中庭。

在世界各大博物馆美术馆中，将鲁本斯爵士与凡·戴克爵士的作品比邻而居几乎已经成为不成文的规定。这样摆放的优点是便于让观者去直观地感受师徒二人之间的传承关系。鲁本斯爵士有着海量作品存世，这源于他在世时便有规模庞大的工作室为其服务，很多作品都是他画完草稿之后由工作室上色并最终完成。由于鲁本斯爵士不会在画作上签名，因此鉴定他的作品真伪时至今日都是极具挑战性的工作。就个人审美而言，我更青睐鲁本斯爵士的小幅油画草稿和半成品，这些作品的颜色并不像成品那般甜腻，线条和笔触也更为洒脱随性。在展厅中陈列的诸多鲁本斯作品中，我想重点提及的是《猎狮》这幅作品。虽然不能说它是鲁本斯爵士最重要的作品，但它的特殊性在于，任何博物馆美术馆能够同时拥有成品和草稿的机会都是屈指可数的，但老绘画陈列馆就做到了这一点。几年前他们从拍卖会中将《猎狮》手稿买回，如今它就陈列在与真迹相邻的展厅，而最别具匠心的是，从它摆放的角度你能够同时对比欣赏真迹和草稿。值得一提的是，他的高徒凡·戴克爵士所创作的《为基督痛哭》真迹和手稿也在相邻的展厅中呈献。虽然它们不像老师鲁本斯的作品那样被进行对比展示，但如果你观察足够仔细，也不会错过它们。从思路到成品，这种对比能让我们窥探大师创作时的发展轨迹，实在是我们在观展过程中的额外收获。

（五）怎么能没有伦勃朗？

与庞大的鲁本斯爵士收藏相比，老绘画陈列馆收藏的另一位巴洛克时期绘画巨匠伦勃朗的作品就显得单薄了许多。但有两幅作品是必须要提及的。第一，就是这位“自画像狂人”作于23岁的《自画像》。身为西方艺术史中“最自恋”的艺术家，伦勃朗一生创作了近百张人生各个时期的自画像（据不完全统计，包括50幅油画、32幅版画、7张素描），放眼整个西方艺术史你也找不到第二位如此热衷于自画像的画家。在自画像数量上能跟他媲美的，或许只有他的老乡：几个世纪之后的凡·高：仅在1887年至1888年一年内凡·高在巴黎就画了17张自画像（由于卖不出画，没有收入请不起模特，凡·高只能通过自画像来练习），这效率想必连他的前辈伦勃朗都感觉到“自惭形秽”。

若非直面真迹，我们无论如何都无法想象伦勃朗的《自画像》竟只有两部智能手机大小。画面以典型的伦勃朗光影风格呈现，相比较他成熟期的经典作品，这幅23岁时的《自画像》谈不上细致，却反映出他在青年时期独有的无忧无虑。从年少轻狂的快乐，到而立之年的一飞冲天名满天下，再到晚年的孤僻与穷困潦倒，伦勃朗的自画像为我们解读他各时期的心境提供了比任何史料记载都鲜活的例证。

第二幅值得关注的伦勃朗作品，位于荷兰画派的展厅内，即伦勃朗27岁时创作的《身着东方服饰的男子肖像》。我们都清楚伦勃朗是西方绘画史最伟大的画家之一，然而其收藏家的身份鲜为人知。得益于17世纪阿姆斯特丹港口得天独厚的物资条件、在而立之年成为阿姆斯特丹最知名画家之后的高额酬劳，以及其夫人萨斯基娅的丰厚家底，富足的伦勃朗曾持重金大肆购买艺术品、盔甲、兽皮、东方珍贵的丝织物和丝绸面料等。此举虽然最终导致他在夫人去世之后破产，但他所接触到的这些稀有藏品都被他入了画。正如这幅《身着东方服饰的男子肖像》，老人精美、昂贵的头饰和耳环，丝织物的纹理，斗篷上的金饰以及他手握的权杖都被伦勃朗以立体的效果呈现，让观者感觉到一种“人物破框而出”的立体感。考虑到这只是他27岁时的作品，伦勃朗的伟大不言而喻。

（六）著名的蓬帕杜侯爵夫人

在法国历史中，有几位举世闻名的女性。其中最耳熟能详的当属民族英雄圣女贞德；引领洛可可时尚直至巅峰却因奢靡无度最终走上断头台的玛丽·安东奈特皇后也必须占一席；再往下数，就应是著名的蓬帕杜侯爵夫人了。关于蓬帕杜侯爵夫人的称谓有很多种：皇帝路易十五的情妇、社交名媛、铁腕女强人，甚至被誉为“除了拿破仑、罗伯斯庇尔和戴高乐将军之外拥有至高权力和影响力的法国平民”。这些头衔，随便拿出一个来，都不一般。也正因为她那一呼百应的权势，当时许多画作中都留下了她靓丽的身影。由洛可可时期绘画大师弗朗索瓦·布歇为其创作的肖像画便是个中翘楚。

时任法国美术院院长、皇家首席画师的弗朗索瓦·布歇肯定是为国王情妇造像的首选。不仅如此，布歇本人对蓬帕杜侯爵夫人的“贡献”远不止给她画肖像。充满装饰设计才华的他甚至亲自为这位皇帝的情妇设计服装和装饰品，也足见侯爵夫人本人对他的偏爱。《蓬帕杜侯爵夫人像》完成于1756年，时年35岁的她已经与路易十五国王维持了十多年的情人关系，大权在握、一言九鼎。从布歇的描绘中也可以看出，置身于精致奢华的洛可可风格背景中，风韵犹存的侯爵夫人俨然一副泰然自若的神情，仿佛整个法国尽在掌握。虽然后世对布歇的绘画风格褒贬不一，但他真实地还原了皇室中洛可可风格的浮夸奢靡与粉嫩柔媚。靠美貌征服路易十五国王十余载的蓬帕杜侯爵夫人，也依靠布歇的生辉妙笔让数百年后的我们欣赏到她的羞花之貌。这，就是历史与艺术的魅力。

三、新馆的重要藏品

如果老绘画陈列馆中的作品过于久远且宗教味十足，那么在对面的新绘画陈列馆中，光是建筑设计都会让人觉得步入了现代。

尽管建造时间接近，但新绘画陈列馆在“二战”期间不幸遭到破坏，德国人于1949年将旧址彻底拆除并重新兴建了如今颇具现代感的新馆。1981年新馆正式对公众开放，设计师为这座后现代主义建筑留有充足的采光，这样既节约能源，又能通过光线的变化体现建筑的空间感和立体感。德国人严谨且务实的设计风格绝非浪得虚名。与建筑设计相得益彰的则是馆藏的19世纪大量清新唯美的风景及肖像画，这其中尤以馆内庞大的印象派绘画收藏值得大书特书。

19世纪的印象派绘画在挑战世人审美的同时也遭受着猛烈的质疑与抨击。而一百多年后的今天，印象派收藏的数量与品质已经或多或少成为衡量一家欧洲艺术机构的“无形标准”，这充分证明了经典艺术绝对经得起历史的沉淀。应该说，新绘画陈列馆的印象派馆藏在欧洲各大博物馆中都应属前列。这里藏有全球现存六幅的凡·高《向日葵》真迹之一，有莫奈享誉世界的《睡莲》，还包括马奈的《莫奈在他的工作船上作画》、塞尚的《自画像》、雷诺阿的《从蒙马特公园远眺建造中的圣心教堂》，以及凡·高的《奥维尔的田地》等名作。

借2012年于柏林博物馆岛上的老国家画廊和新绘画陈列馆进行学术交流之机，我曾专门问过讲解人员两所博物馆中数量庞大的印象派收藏从何而来。结论是得益于前任馆长契尤德个人对印象派的痴迷。柏林老国家画廊在他于1896年决定收购马奈的《在温室花园里》和莫奈的《韦特伊风景》之后，成为19世纪末最早收藏印象派绘画的艺术博物馆，并于次年成为全世界第一个收藏塞尚画作的博物馆。而当他“跳槽”成为新绘画陈列馆馆长之时，又在任内（1905—1914）主持收购了共计75件印象派及后印象派的作品（其中包括44件油画，9件雕塑和22件手稿)，直接奠定了今天新绘画陈列馆中印象派藏品的丰厚基础。他的壮举被后世誉为“契尤德的贡献”。

或许有读者不禁想问：身为一位生于奥地利的瑞士籍馆长，契尤德是如何对当时有着巨大争议的印象派绘画产生兴趣，并果断地把它们“收编”进他每一个担任馆长的博物馆馆藏当中的呢？馆长契尤德对“印象派”的狂热，源自他的一次巴黎行。在那次旅行当中，他结识了曾拥有上万幅印象派画作，亲自经手卖掉千幅莫奈作品的法国“印象派之父”——丢朗-吕厄先生。相谈甚欢之余，契尤德馆长得以深入了解印象派绘画。因此，接下来从丢朗-吕厄先生手中拿到最优质的作品并被世界级博物馆收藏的过程都显得顺理成章、水到渠成了。尽管在当时大批收购印象派作品的举动也曾倍受质疑，但契尤德馆长顶住了舆论压力，果断出手从丢朗-吕厄手中拿下了这些印象派大师的作品。现如今，德国三大博物馆群引以为傲的绘画馆藏，印象派作品占了极大的比重。他的果断决策实在是太具前瞻性了。

除了法国印象派之外，慕尼黑巴伐利亚国家绘画陈列馆新馆还坐拥极其优秀的浪漫主义作品、写实主义作品和奥地利分离画派作品等欧洲19世纪各阶段重要作品。包括德国浪漫主义旗帜卡斯帕·大卫·弗里德里希的重要作品《晨雾中瑞森格博兰德风光》和《雪中的冷杉》、一整面墙的德国素描大师门采尔作品、被誉为“匈牙利最伟大画家”米哈伊·蒙卡奇的《探望产后母子》、奥地利分离派奠基人古斯塔夫·克利姆特的《玛格丽特·维特根斯坦夫人肖像》和《音乐I》等大师名作都能在不经意间掠过，甚至还包括一个摆满罗丹雕塑的展厅。值得一提的是，2012年前我在馆际交流培训时曾问过管理人员，得知新绘画陈列馆所收藏的一幅英国浪漫主义风景巨匠约瑟夫·马洛德·威廉·透纳的风景乃是全德国境内唯一一幅真迹。鉴于透纳90%的作品都收藏于伦敦泰特英国馆，因此若在英国境外的任何一处邂逅他的画作，都能让人感到心满意足。

若非坐落于博物馆内，慕尼黑巴伐利亚国家绘画陈列馆新馆中充满惬意格调的室外咖啡厅看起来就像五星级酒店的室外花园。观众可以在欣赏完馆藏名作之后再到室外面对如画的风景享受咖啡和阳光，从而结束这充满精神享受的博物馆一日游。当参观博物馆成为一种同时享受艺术和生活的方式时，并能满足物质与精神需求的习惯，你的生活也会因此变得丰富多彩。

第十章　维也纳艺术史博物馆

王　加

知名策展人

提起奥地利，我们总会如条件反射般想起莫扎特和施特劳斯父子。如画般秀丽的奥地利首都维也纳，也以其“音乐之都”的头衔闻名遐迩，享誉世界。然而除了音乐之外，奥地利维也纳的博物馆群无论在藏品数量还是质量上均算得上是欧洲顶尖水准。博物馆群两座核心的建筑由艺术史博物馆和自然历史博物馆组成，与艺术史博物馆南侧相邻一条马路的便是利奥波德博物馆，另一侧马路北边恢宏的建筑则是霍夫堡皇宫，里面包含了奥地利国立图书馆和古乐器博物馆等重要收藏。距这个核心博物馆区域往西走15至20分钟，屹立着古典与现代融合的阿尔贝蒂娜博物馆。而收藏了国宝——克利姆特之《吻》——的美景宫也与博物馆群相隔不远，艺术史博物馆背面的东侧还有一个看似不起眼但精品云集的艺术学院收藏馆……对于热爱艺术的人们而言，在这个如此眼花缭乱的庞大博物馆体系中逛一周或许都未必尽兴。在维也纳博物馆群中，有一座在我心中毫无疑问可以轻松排进全球前十的博物馆。它虽不如世界四大博物馆——卢浮宫博物馆、艾尔米塔什博物馆、大英博物馆和大都会艺术博物馆那么广为人知，但这与综合国力和宣传力度有关，和“家底儿存货”无关。“包子有肉不在褶上”，用来形容这座博物馆虽稍欠优雅，但却极为贴切。在我眼里，维也纳艺术史博物馆就是这样“低调奢华有内涵”般的存在。

一、哈布斯堡王朝的遗珍

统治欧洲近7个世纪的哈布斯堡家族的收藏史最早可以追溯到1358年，当时的奥地利公爵鲁道夫四世购得了第一幅重要的中世纪画作。此后的数百年中，历代继任者都在为家族的艺术收藏添砖加瓦。时间来到19世纪中叶，哈布斯堡王朝的嫡传继承人、奥匈帝国的缔造者、茜茜公主的丈夫弗朗茨·约瑟夫一世认为家族的艺术收藏应统一安置，一项宏伟且浩大的建筑工程便由此应运而生。根据设计图，位于维也纳老城区的霍夫堡两侧将修建起两座相对的恢宏建筑，也就是今天的艺术史博物馆和自然历史博物馆。1891年10月17日，弗朗茨·约瑟夫一世出席了博物馆的落成仪式。如今，艺术史博物馆已经成为维也纳的艺术名片。该馆设有五十余个主题展厅，分别展陈了“埃及和东方艺术”、“希腊和罗马”、“欧洲绘画”、“雕刻和装饰艺术”、“纪念章和货币”、“武器”、“古代乐器”、“皇室车马”、“19世纪绘画”和“皇室珍宝”等各门类艺术。其中，四十多万件珍贵的古钱币甚至可以与著名的巴黎钱币博物馆相媲美。而在维也纳艺术史博物馆珍藏的哈布斯堡王朝数百年来收集的欧洲珍品中，尤以绘画部分最为精美和齐全，在世界各大艺术博物馆中首屈一指。丢勒、拉斐尔、提香、委拉斯开兹、鲁本斯、伦勃朗、维米尔等著名画家的作品使这座艺术博物馆的名声享誉全球。馆内价值连城的艺术瑰宝在不断地提醒世人：维也纳，不仅仅是“音乐之都”。

二、大厅顶端的无价之宝

迈进艺术史博物馆的大厅的游客，可以静静感受头顶上方别样的精彩。大厅的顶部绘有一幅巨大的天顶画，名为《歌颂文艺复兴》。画作出自匈牙利最伟大的画家米哈伊·蒙卡奇之手。这幅巨制的特别之处在于，它是画家此生唯一一幅天顶画，是艺术史博物馆特邀当时业已功成名就的蒙卡奇为大厅“量身定制”的。当时正值蒙卡奇绘画创作回归传统的阶段，这幅《歌颂文艺复兴》所描绘的主题意指向前辈大师致敬，也完美契合维也纳艺术史博物馆展示西方历代经典艺术的藏品定位。鲜艳明快的色泽、回归传统的人物造型、对文艺复兴和巴洛克时期盛行的天顶画“仰角透视法”的熟练运用，仿佛让我们回到了米开朗琪罗创作西斯廷礼拜堂《创世记》天顶画的时代；而画作本身营造出的穹顶透视，使得观者得以在仰望作品之时，能够感受到建筑本身的伟岸及苍穹的无垠。若无讲解，大多数人或许只会认为这是一幅普通的装饰画而与之完美错过。

登上阶梯顶端，在横穿回廊的途中，细心的观众会发现这里摆着望远镜。室内摆望远镜作何用途？若无好奇心凑到望远镜前瞅一眼，那么就会错过大厅中第二件绝无仅有的艺术品。在对面黑色花岗岩石柱的缝隙之间，隐藏着奥地利国宝级绘画巨匠古斯塔夫·克利姆特的壁画。无论你走进奥地利街头的哪一家纪念品店，用“音乐天才”莫扎特的肖像与克利姆特的传世之作《吻》所制作的衍生商品都会如影随形，无处不在。与莫扎特同为奥地利民族骄傲的克利姆特于1890年受艺术史博物馆委约绘制这组意图同时展现经典欧洲艺术、埃及文明、古罗马和古希腊文明的壁画。这组绘于石柱与屋顶间隙的壁画华丽、绚烂、典雅，集古典艺术与装饰艺术于一体。这虽然并非是克利姆特最负盛名的作品，但这面距离地面12米高，夹在廊柱之间与建筑浑然一体的唯美壁画将画家华丽典雅的早期绘画风格展现得淋漓尽致，还兼具浓郁的异域风情。若是错过，着实太过遗憾了。

三、老勃鲁盖尔的“镇馆之屋”

若试图在名作云集的维也纳艺术史博物馆中选一幅作品定为“镇馆之宝”，实在是太强人所难了。但若扩大范围选一间“镇馆之屋”，反倒容易很多，因为这里拥有全世界最丰富的老彼得·勃鲁盖尔的作品。

尤记得我2014年初次参观艺术史博物馆时并没做什么功课，误打误撞进了这间展厅。当时最直观的感受：为什么整间博物馆就这个展厅那么多人？待往墙上定睛观瞧，简直不敢相信自己的眼睛：几乎所有最经典的老彼得·勃鲁盖尔的作品如《牧归》《巴别塔》《冬猎》《对无辜者的大屠杀》《谢肉祭和四旬斋的斗争》《农民婚礼》等悉数在列……满满一屋子，不是特展却胜似特展，令我倍感“奢侈”。其中，《冬猎》是老彼得·勃鲁盖尔创作的月历画系列之一，是他艺术生涯的巅峰之作。1565年，老彼得·勃鲁盖尔受人委约为一所私人宅邸创作一系列以四季12个月为主题的作品，按照计划本应有6幅，却最终仅完成了5幅，表现一月的《冬猎》、二月的《灰暗的一天》，以及描绘九月和十月的《牧归》都在艺术史博物馆的收藏中。作为这个系列的第一幅作品，《冬猎》已经成为西方艺术史中描绘寒冬雪景的经典之作。而描绘《圣经》的恢宏的《巴别塔》，则更是老彼得·勃鲁盖尔当之无愧的代表作。欣赏图片只能看到画面上的热闹喧嚣，站在画前仔细端详却有别样一番景色：每幅作品虽都是密密麻麻、人头攒动、三五成群，但其中各有故事，紧密衔接互有联系，其生动绝不亚于张择端的《清明上河图》，而画工之细也不输仇英。虽身处文艺复兴时期，但擅画农民日常生活的老彼得·勃鲁盖尔绘画风格过于鲜明，与同时代的达·芬奇、丢勒等巨匠截然不同，独树一帜的他也因此赢得了“农夫勃鲁盖尔”的称号。参观艺术史博物馆，老彼得·勃鲁盖尔的主题展厅绝对不容错过。

四、光影，传承

若想深入了解西方美术史，明暗对照法（Chiaroscuro）是无法忽略的必修课。自文艺复兴到浪漫主义时期这三百余年，无数大师在继承前人技法的基础上，通过迥异的自身实践将光影明暗对照画法发扬光大。从乔托的平光到达·芬奇山水远景的纵深与朦胧，从卡拉瓦乔的戏剧性明暗冲突到维米尔那恬淡静谧的写实日光，再到透纳笔下薄雾般的空气透视，任何教科书上的讲解概括都不如在现场零距离感受这些作品之精妙传神所领悟得更加清晰透彻。纵观全球博物馆，能坐拥几幅对光影明暗画法发展产生重要影响大师作品的数以百计，可能把各时期代表人物的经典都集中在一座博物馆里的，在世界范围内也属凤毛麟角，但维也纳艺术史博物馆就做到了。

卡拉瓦乔的《圣咏圣母》和《手提歌利亚头颅的大卫》、三幅并排陈列的伦勃朗在破产之后潦倒的自画像，以及那集维米尔出神入化的精湛技巧之大成的《绘画艺术》，浓缩了明暗对照画法近两个世纪以来飞速发展并走向成熟的黄金期的过程。在决斗中将人误杀之后，卡拉瓦乔在逃亡途中创作了毫无暴戾之气的《圣咏圣母》，与大卫手中血淋淋的巨人歌利亚头颅并排陈列，不仅展现了他那标志性的带有强烈戏剧冲突的明暗对照法，并且强烈地呼应了卡拉瓦乔短暂一生中天使与魔鬼共存的分裂性格。

在艺术创作上，卡拉瓦乔是当之无愧的天才。明暗对照画法并非由他独创，但或许是他内心深处自带的阴暗面，使他真正确立了这种绘画技法并使之发扬光大。其伟大之处在于，通过对生活中物体和人物心里的细致观察，他能够运用阴影和色彩的明暗对比来鲜活地刻画主题中人物的情感状态，从而创造出充满视觉冲击力和带有戏剧性张力的写实主义作品。没有任何一张画稿存世的他每幅作品都堪称精品，鉴于他短暂且波折的一生，这完全是令人叹为观止的成就，也充分印证了他的才华横溢。而在生活中，卡拉瓦乔则是难以驯服的“魔鬼”。很多人都说艺术家的思维方式和常人迥异，这句话放在他的身上再贴切不过了。在38年的生命中，他曾是“罗马最有名的画家”。但性格古怪充满暴戾之气的他却从未真正珍惜过自身才华。虽住在红衣主教家里，但他依旧过着狂乱无序、我行我素的生活。当卡拉瓦乔最终因为误杀导致流亡并落得客死他乡的悲惨结局时，他本足以创造出更多伟大艺术的天分则被彻头彻尾地浪费掉了。然而，即便卡拉瓦乔犹如天使与魔鬼的结合，西方美术史仍需向他“感恩戴德”。因为若不是他真正确立了绘画技巧中表现光影关系的明暗对照画法，在后来的欧洲绘画史中，我们或许将无法看到乔治·德·拉图尔、伦勃朗、维米尔这些运用光线表达情感的大师了……若无他们，西方美术史将被完全改写。尽管卡拉瓦乔在去世几百年后都长期被人遗忘；但真正的经典艺术，总会在历史的长河中留下自己的印记，浮出水面脱颖而出，最终找到属于自己的位置。

2012年在慕尼黑巴伐利亚绘画陈列馆培训时，我曾向为我们提供讲解的策展人请教关于不同时期作品所选择对应的墙面颜色是否有规定或习惯的问题。事实上，在欧美各大博物馆中有个不成文的规定：文艺复兴时期作品和鲁本斯的作品大都用色彩明艳的背景墙衬托，而伦勃朗的作品则基本采用冷色调，如灰色或者暗绿色等。鲜艳的对应鲜艳，冷逸的则被冷逸衬托，按照当时我的理解，颇有点“以毒攻毒”的意味。在游历诸多博物馆和美术馆后，我发现这个不成文的规定确实存在。正如没有一座博物馆用鲜艳的颜色来衬托伦勃朗的作品，维也纳艺术史博物馆也是如此。在陈列伦勃朗作品的独立展厅中，几幅中年各时期的自画像被灰绿色展墙映衬着。近距离欣赏，除了能感受到他在描绘肖像时超凡的神态刻画、对服饰皮草等材质细致入微的描绘，以及在受卡拉瓦乔影响后通过描绘明暗关系所凸显出的精湛如“裸眼3D”的立体感之外，画中所展现的更像是阅读他人生大起大落经历的鲜活自传。凡·高曾说：“人们都说——我很愿意相信这点——了解自我很难做到，但其实画好自己更难做到。”但通过伦勃朗的大量自画像来看，他显然是一个非常了解自己的人。

伦勃朗的前半生，像极了与他同处巴洛克时期的贝尔尼尼：如出一辙的才华横溢；均在20岁出头就名利双收达到事业巅峰；各自“不可一世”地霸占着阿姆斯特丹和罗马艺术市场的制高点；却也都在中年遭受打击跌入低谷。然而，贝尔尼尼的后半生显然比伦勃朗幸运太多了，因为他依靠雕塑史上的不二经典《圣特雷莎的沉迷》一举“凤凰涅槃”，抓住机会重归艺术圈的“金字塔顶”。最终恢复名望，安度晚年并在去世后享受了国葬礼遇。伦勃朗却没那么幸运。1642年是伦勃朗一生的转折点：他那幅传世名作《夜巡》的问世，带来的并非是满堂彩，而是艺术市场对他态度的急转直下。这幅颠覆性的创作推翻了西方群体肖像画“比大小排排坐”的模式，却也因委约者们的质疑与不满将伦勃朗拽下了“阿姆斯特丹第一画家”的神坛。他的经历概括了所有艺术大师在创造出超越自身时代的作品后所必须承受的惨痛代价。福不双至祸不单行，他的夫人莎斯姬亚数月之后的去世越发加剧了伦勃朗的困境。1650年前后，由于英国与荷兰的海上霸主之争，以及威廉二世当时采取的一些不合时宜的对内政策，荷兰阿姆斯特丹经历了一场贸易危机。在此社会背景之下，很多艺术家的赞助人也都纷纷陷入财政困境，伦勃朗也因此开始拍卖画作与私人收藏用来维持生计，这也导致本就不擅理财的他最终破产。维也纳艺术史博物馆中3幅并排陈列的创作于1652年、1655年以及约1656年至1657年间绘制的自画像，所记录的就是破产后的伦勃朗外貌。在其艺术生涯早期的辉煌岁月中，伦勃朗笔下的自我都衣着华丽，而今生活窘迫的他也仅能身着棉布袍子入画了。他就泰然自若地静静坐在那里，画中的眼神和神态却让观者丝毫看不出大师心中的落寞和不安。他究竟是在掩饰内心的落寞还是如实地描绘出了自己的心境？相信每一位站在画前欣赏的观者，心中都会有着属于自己的解读。

静静地坐在维米尔那“画中有画”的《绘画艺术》前凝视，那一缕恬淡的日光、黑白相间地板的精准透视、精致的吊灯与极富质感的挂帘……这个充满了符号与象征学韵味的房间充分展示出维米尔在完美掌控光影明暗画法的基础上使画面更接近肉眼所观察到的真实情境，更在伦勃朗之后将荷兰黄金时代推向巅峰。画中于窗前头戴花冠、手捧书籍和小号的年轻女子，让后世学者和研究人员认为维米尔是在描绘掌管历史的女神克里娥。或许，维米尔希望通过这幅作品传达一个信息：绘画在艺术领域拥有绝对的优势和至高无上的地位。维米尔的这幅《绘画艺术》曾是其本人最爱，即便在最贫困时也拒绝出售，直到死后才被家属拿去抵债。这幅传世之作曾在“二战”期间的1940年以182万德国马克被希特勒购为己有，直至1945年在奥地利奥尔陶斯山的盐矿中与其他被希特勒掠夺的大量艺术珍品一同被发现并拯救。这段拯救被希特勒掠夺的艺术品的史实于2014年被好莱坞拍成电影，名为《古迹卫士》(*The Monuments Man*)，由乔治·克鲁尼、凯特·布兰切特和马特·达蒙主演。

在维也纳艺术史博物馆集中陈列的卡拉瓦乔、伦勃朗、维米尔等大师的传世之作，不仅以最直观的方式向观者呈现出明暗对照画法所经历的从主观理性向客观感性的演变过程，还梳理了西方艺术史中多位大师的绘画特点与传承关系。

五、圣母与圣子的对决

毫无疑问，任何欧美博物馆和美术馆都以拥有拉斐尔的作品为傲。在维也纳艺术史博物馆的意大利绘画区域，偌大的一整面酒红色展墙上，拉斐尔黄金时期的传世经典《草地上的圣母》居中而置，唯有两尊大理石半身造像相伴两侧，足见其举足轻重的地位。画作绘于1506年，时年仅23岁的拉斐尔在吸收了导师佩鲁吉诺细腻的人物神态刻画与达·芬奇对远景的空气透视法之后，勾勒出一幅神型兼具、充满慈祥怜爱的圣母与子。虽仍未摆脱前辈师长对其绘画风格的影响，但距离他个人风格的巅峰时期已近在咫尺。

在陈列德国绘画的展厅中，数张丢勒的真迹并排陈列，尺幅颇小的《圣母与圣子》就在其中。这幅创作于拉斐尔《草地上的圣母》6年后的丢勒真迹以单色背景绘制，更专注于圣母子二人的表情特写。尽管受意大利画风影响，丢勒的作品依旧展现出德意志艺术中独有的严谨理性。相比较圣母的柔美，圣子的表情略显僵硬，眼神也比拉斐尔笔下的耶稣坚毅，更突出圣婴所背负的使命。拉斐尔与丢勒身为同时代惺惺相惜的文艺复兴巨匠；所绘主题都是圣母与子；画中两位端庄祥和，身着蓝袍的圣母也均是俯视年幼的耶稣，这两幅作品却呈现出迥异的美感。德意志的理性沉稳与亚平宁的感性浪漫相比较，究竟孰优孰劣？欣赏艺术，完全由个体审美主导。塑造审美的过程与个人家庭环境、幼时熏陶、教育背景、成长经历等多种因素息息相关。博物馆和美术馆展示被历史筛选沉淀后的经典名作，则为审美熏陶和如何甄别优劣提供绝佳的平台。多去博物馆和美术馆看名作，久而久之，观者不需要任何人教育或讲解都可以建立专属于自己的审美喜好。

六、惊艳的雕塑展陈

维也纳艺术史博物馆最与众不同之处有二：首先是大量的西方古典绘画收藏；其次便是馆内绝妙的雕塑展陈方式。

藏品众多的艺术史博物馆，收藏了海量的古希腊、古罗马和埃及雕塑文物。我曾经手过2014年国家博物馆的罗丹雕塑大展，深知布置雕塑展的难度：展品的摆放远非像绘画那般挂在墙上即可，而是既要让观众尽可能地欣赏到雕塑的全貌，还必须要保证展品安全。雕塑的陈列要错落有致，要尽量保持各自独立的观赏空间，避免相互影响，灯光的角度和明暗度也对雕塑本身所表现出的质感和力量感有着至关重要的作用……而上述对雕塑陈列的理解，则被维也纳艺术史博物馆的雕塑展陈完美地示范出来。无论是埃及的木乃伊木棺，还是古希腊与古罗马的大理石雕，馆内的策展团队都能通过最恰如其分的陈列方式使每一件展品充分"展示自我"，还能与整体氛围融为一体。最令我过目不忘的当属古罗马雕塑区一间漆黑的展厅内，数十个大理石半身像和头像用粗细相同的展台支撑，另用造型灯聚焦在每一个雕塑的面部，给步入展厅的观者营造出一种所有雕塑都悬浮在半空中的错觉。而整个雕塑展示区竟无任何护栏。尽管眼前呈现出梦幻般的效果，我在雕塑间狭窄的通道中小心翼翼地穿梭时仍不免在心中暗捏一把汗：若谁不留神碰一下，一件近两千年的文物就毁了。在佩服策展团队的理念和胆量之余，我也必须要称赞欧洲观者的素质之高。唯有观者的欣赏素质高并懂得尊重艺术的价值，策展设计团队才能毫无顾忌地充分发挥其想象力将展陈理念做到极致，而这样做的收益人最终还是观者自身。优秀的博物馆与好的观者，永远是相互成就的。

七、穹顶之下，美食与艺术并存

论建筑面积，维也纳艺术史博物馆是无法和卢浮宫或美国大都会艺术博物馆等相提并论的。然而，有庞大的馆藏做支撑，仅靠半天时间也无法仔细欣赏完艺术史博物馆中的精美藏品。因此，一旦逛累了想找个地方歇脚，馆内有品味的咖啡厅就显得格外重要了。

在欧美，逛博物馆和美术馆已经成为人们日常休闲的生活方式中不可或缺的一部分。抛开藏品不谈，令人印象深刻的还有好的咖啡厅。我曾于2015年在纽约大都会艺术博物馆逛了11个小时，创下了个人纪录。馆内几家风格各异的餐厅和咖啡厅绝对是实现这一“壮举”的先决条件。无论是落地窗面向中央公园、室内摆满罗丹雕塑的餐厅，还是位于正门入口处上方露台，可以坐在古代瓷器展区隔壁边欣赏展品边喝桑格利亚酒的咖啡厅，都令我流连忘返。而坐落在维也纳艺术史博物馆穹顶正下方的咖啡厅，其品质与格调则凸显了奥地利民族生活中的精致。穹顶之下，富丽堂皇的装饰、雕塑和大理石柱相得益彰。还未落座，就已经被它的氛围吸引了。饿了，新鲜烘焙的热三明治可填饱肚子；渴了，一大杯冰镇德国啤酒可解乏；若仅仅为了歇脚，还有琳琅满目的奥式甜点足以让你解馋。我们去博物馆欣赏艺术是满足精神需求，但倘若馆内没有让自己的胃和味蕾得到充分享受的咖啡厅，观者则很难在一天的艺术之旅中尽兴而归。毫不夸张地说，馆内咖啡厅的品质足以决定观者漫步在博物馆中的欣赏时长。想长时间泡博物馆美术馆的人，光有精力和体力还远远不够，馆内好的咖啡厅绝对是必备条件。我们在享受艺术之美的同时，也理应享受生活之美。

八、我们去博物馆，看什么？

2015年，我得以再访最爱的维也纳艺术史博物馆。无论是克利姆特绘制的金色廊柱、伦勃朗的自画像、一屋子的老彼得·勃鲁格尔真迹、排列整齐的委拉斯开兹“玛格丽特小公主”系列，还是卡拉瓦乔那血淋淋的《手提歌利亚头颅的大卫》，每次来参观均有全新收获。但此次站在维米尔的《绘画艺术》前，令我感动的却不仅是画作。

记得我正坐在画的正前方静静地端详，感受维米尔笔触间所传递出的静谧时，一辆电动残疾车从身边缓缓驶过。主人两眼直勾勾地盯着画作，旁若无人地认真观看，手中还牵着一条黑色的拉布拉多伴侣犬。所有围在画前的观者看到他们都善意地让行，而这条狗乖得令我瞠目。主人停，它便停，时间长些便趴下休息；若主人车一动，它马上起身离开，对身边经过的所有人都毫不关注，当真是“不闻”不问，眼神中却充满怜爱与温情。我当时就在想，残障人士有如此贴心且形影不离的伴侣，若它有一天离世，主人将会何等地痛不欲生，我当真是想都不敢想。

然而，更令我动容的一幕还在后面。在隔壁展厅，一位年迈的老者正全神贯注地临摹墙上的一幅风景画,如入无人之境地应对身边如穿梭般过往的游客。根据他的认真程度、画作的完成部分以及他身旁工具车中从油彩到拖鞋一应俱全的装备来看,老人家显然常驻在此。而当残障人士牵着拉布拉多路过老人正在描摹的画前时,原本专注的老人当即停止作画,主动推开所有画具让残疾车通过。二人在错身时相视一笑的瞬间,着实令我热泪盈眶。残疾车上主人对艺术的渴求、狗对主人的体贴与忠诚、老人对经典艺术的敬畏之心以及与残疾人相互间的敬意……眼见这一刻人、动物与艺术在博物馆中是那样和睦、和谐的存在,内心的感动难以用语言表达。

《三字经》曰"人之初,性本善"。每日的生活中充斥着太多的负能量,我们似乎已经忽略甚至抛弃了那些人性中最纯粹的美好本质。原本随处可见的融洽与其乐融融,仿佛已经被彼此间的漠然与猜忌取代。前往西方博物馆和美术馆参观,我们的本意是通过欣赏艺术,从而丰富自己的精神世界。然而你在身临其境便会发现,这里的人们除了前来欣赏绝美璀璨的艺术,接受艺术的熏陶之外,彼此间还真诚地流露出比墙上冰冷的艺术品更温暖,更具热度的人性、尊重与爱。世界,则因为这些细致入微的感动而更加美好。

第十一章　大都会艺术博物馆

张　敢
清华大学美术学院教授

一、大都会艺术博物馆的历史及建筑

美国的大都会艺术博物馆坐落于美国纽约，其主体建筑位于曼哈顿上城中央公园的东侧，是“博物馆一英里”（Museum Mile）的核心区域。就面积而言，它是世界上最大的美术馆，与法国的卢浮宫博物馆、英国的大英博物馆、俄罗斯的艾尔米塔什博物馆并称为世界四大博物馆。

大都会艺术博物馆成立于1870年，是全美第一大博物馆，2016年的全年接待人数位列全球第四，达到了670万人次。大都会艺术博物馆藏有来自世界各文明的200万件艺术作品，它们被分为17个部分，同时下设6个保护中心和1个科学研究中心。

博物馆早期的建筑由卡尔弗特·沃克斯和雅克布·W. 穆德设计，采用的是一种新哥特式风格，于1870年落成。博物馆的首批收藏则来自约翰·泰勒·约翰斯顿，他的个人藏品成了这个大都会艺术博物馆的首批收藏。

1872年，大都会艺术博物馆举办了开幕招待会，正式对外开放。在19世纪末，大都会艺术博物馆因为藏品的增加而进行了建筑上的扩建，由理查德·M.亨特还有他的儿子理查德·H.亨特负责设计。

大都会艺术博物馆在不断地扩张，随着藏品的增加而不断扩建。到2010年，我们看到的大都会艺术博物馆外观跟1917年的及1930年的已经完全不同了。

大都会艺术博物馆除了有坐落在纽约第五大道上的主体建筑之外，在纽约城的郊区崔恩堡公园里面，还有一个修道院分馆，该分馆建于1938年，主要展出来自中世纪欧洲的建筑和艺术品。另外在2016年3月，大都会艺术博物馆将惠特尼美国美术馆的原址改造成了展示当代艺术的布劳耶分馆。

二、古埃及、希腊、罗马艺术

大都会艺术博物馆的藏品一共分为17个类别，其中包括古埃及艺术、古希腊罗马艺术、欧洲各时期的经典绘画和雕塑作品、美国艺术，还有现当代艺术以及来自世界各地区文明的艺术作品，比如非洲、亚洲、大洋洲、伊斯兰世界，等等。另外馆中还有非常成规模、成体系的乐器收藏，例如西方古代乐器；也有服饰收藏以及古代的武器和铠甲的收藏；此外还有古代的书籍和图书的收藏以及摄影作品收藏。

大都会艺术博物馆的古埃及藏品，最早来自私人收藏的捐赠。后来在1906年到1914年期间，博物馆组织了考古发掘。在发掘过程中，博物馆得到了大量的藏品，成为今天这个博物馆中古埃及藏品的一个主体。这些藏品涉及的时期从旧石器时代一直到托勒密王朝，也就是公元前30年。共有超过2.6万余件文物，在40个古埃及展厅中向公众开放。

其中非常著名的就有这个非常可爱的、憨态可掬的小河马雕塑——彩陶河马“威廉”。这是大都会艺术博物馆的吉祥物之一，这件作品创作于公元前2世纪早期，这个作品中的小河马身体被涂成了蓝色，它跟水的颜色是相同的，同时这个小河马的身体上绘有水草的图案，暗示着这个河马在水中生活的状态。

在1978年的时候，由于埃及的阿斯旺水库整体的搬迁，当时的丹铎神庙被完整地搬到了大都会艺术博物馆里进行复原。这应该是唯一一座埃及之外的古埃及神殿。

另外一个非常重要的部分，就是古希腊、罗马的展览区。大都会艺术博物馆收藏了古希腊的红黑人像陶罐及罗马长袍上面的别针等，共计超过1.7万件来自古希腊罗马的艺术品。古希腊罗马艺术品也是大都会艺术博物馆最早收藏的作品，大都会的第一件藏品，就是当时由首位主席约翰·泰勒·约翰森收藏的罗马石棺。

这些藏品主要以古希腊和罗马帝国的作品为主，而且这些地区也包含了广泛的文化与艺术样式。大都会的古希腊、罗马的艺术展区总面积超过了6 000平方米。

其中就有古罗马时期的，大约创作于公元430年的运动员雕像，这样的雕像采用的形式是非常古典的。在古罗马时期，大量的罗马石雕实际上是古希腊雕像的复制品，所以从这样的作品里面，我们可以领略到古希腊艺术的一些特点和特征，尤其是人体结构的表现，这种理想化的、非常完美的人体表现是非常经典的。

三、欧洲各时期的经典绘画、雕塑

(一) 文艺复兴时期的欧洲美术

大都会艺术博物馆里最精彩的内容就是欧洲各时期的经典绘画和雕塑，这些作品是大都会艺术博物馆里面非常重要的收藏。大都会艺术博物馆收藏了1 700件欧洲经典绘画作品。欧洲雕塑和工艺品也是博物馆数量最大的藏品项目之一，从15世纪到20世纪早期，共有超过5万余件的藏品。其中雕塑收藏主要是文艺复兴时期的作品，装饰艺术主要包括了家具、珠宝、玻璃和陶瓷制品，还有挂毯、织物、计时用具、乐器等等。

首先我们来了解一下文艺复兴时期的欧洲美术，在这里面我们可以看到，其中有一件名为《梅罗德祭坛》的作品，它的作者现在被认定为罗伯特·康平。最初，这件作品的作者是不确定的，人们把他称为佛莱玛尔画家，主要是指这件作品是在佛莱玛尔地区被发现的。随着后人的考证，人们认为在当时，佛莱玛尔画师中，只有技艺水平最高的人，即当时最著名的艺术家罗伯特·康平可以达到这种程度，所以大家认为这个佛莱玛尔画师，应该就是罗伯特·康平。

这一件《梅罗德祭坛》是一幅三联画，由中心部分和两翼组成，中心部分实际上是《受胎告知》的情景，根据翻译的不同，也可以叫《圣母领报》或者《天使报喜》。在主体部分我们可以看到，身穿红袍的圣母在阅读经典。就在这时，穿着白袍的天使突然出现了，然后告诉圣母，她怀孕了。在这幅画面里我们可以看得出来，圣母始终保持着非常安详的神态。

这幅作品在对空间的处理上跟意大利文艺复兴时期的作品有着明显区别，我们应该可以从这幅作品中看得出来这个时候罗伯特·康平对于整个透视法的掌握。他还没有接受在意大利占主导地位的、所谓科学的透视法，这种科学的透视法可以凭借精确的计算，然后以此推断出屋子里面所有物体的恰当位置和空间，以及适当的比例和大小。

在这里我们可以看到，画面中间的圆桌是微微向里翻起的，另外圣母所倚靠的那条长凳，在透视上也显得比较夸张。从这个意义上讲，他跟文艺复兴的其他画家是有所区别的；但是在细节的刻画上面，比如对圣母翻开的书籍、桌上摊开的书籍中间的一些细节文字的介绍，包括画面中间悬挂的青铜器皿，以及桌子上摆放的蜡烛和陶瓷器皿的质感表现，都达到了非常精确的水平。可以看得出来这位艺术家的造诣是非常深厚的。另外对人所穿的这种织物的表现也非常到位。

我们可以看到画中祭坛左侧的部分，实际上表现的是两位供养人，或者西方人叫“patrons”，也即赞助人，实际上正是他们出资来绘制这幅小型祭坛画的。他们利用了这个画框，将其作为房子的一面墙壁，然后在墙壁上打开了一扇小门，透过这扇门，他们看到了室内所发生的这件神圣的事件，即天使报喜。

画面的右侧给我们展示的是耶稣基督的养父，也就是圣母的丈夫约瑟，他是个木匠，正在做一个捕鼠器，桌子上钉子、锯子等寻常匠人工具，凸显出圣人身上的凡性。这幅作品本身又带有很强的风俗化特点。它为我们揭示了15世纪尼德兰地区的一个木匠在工房中的状态，他进行木工创作的这个房间，用如今的话说，相当于一个前店后厂，我们透过打开的窗子可以看到里面有一个向下铺陈的木板，上面放着他做好的捕鼠器。远景则是当时尼德兰的城市景色，所以这样的一幅宗教绘画里面既包含了很深刻的宗教情感，也反映了当时15世纪的尼德兰风土人情，更反映了当时艺术赞助人和这个绘画之间的一种非常有趣的联系，所以我想这件作品，它不仅是一幅优秀的祭坛画，同时还为我们揭示了那个时代的整体风貌。所以像这样的作品，可以说是文艺复兴时期的绘画的一个代表作。大都会艺术博物馆拥有这样的作品，确实说明了这个博物馆的收藏实力。

除了罗伯特·康平的作品之外，在15世纪北欧艺术家里，大都会艺术博物馆还收藏有扬·凡·艾克的作品，扬·凡·艾克是一位非常优秀和杰出的艺术家，他在15世纪中叶改良了油画的技法。过去人们一直认为是扬·凡·艾克兄弟创造了油画的技法。后来更多的学者认为，他们实际上对油画的技法进行了改良，让油画这样一个非常重要的画种，从15世纪开始慢慢地在欧洲得以普及，并且奠定了文艺复兴以来的西方写实绘画的传统。

所以我们认为他的这幅作品如今有着很重要的历史价值和文物价值。这样的一件作品是一幅双联画，一部分描绘的是《刑罚》，还有一部分则是《最后的审判》。

《刑罚》表现的是耶稣基督被钉在十字架上的场景，实际上在表现《新约》、耶稣基督的题材里，这样的作品是最常见的。在耶稣的周围，围绕着他的是罗马的那些贵族，而悲伤的圣母则为画面前景。

在《最后的审判》里，实际上我们可以看得出来，这种经典的表现语言，表达的是耶稣基督坐在云端，他的左侧是圣母，右侧是施洗约翰；在一些圣徒的簇拥之下，站在耶稣和地域之间的天使就是米迦勒。在米迦勒的下面，表现的实际上就是地狱中的场景：那些受到诅咒的灵魂，他们将被打入地狱。这样的内容实际上在文艺复兴时期是经常被表现的，这有很强的警示和惩戒作用。

接下来的两件作品，一件是保罗·乌切洛的《女士的画像》。这件作品实际代表的是意大利文艺复兴时期的绘画的经典样式。在15世纪的时候，人物肖像大部分是以全侧面的形式进行表现的：艺术家勾勒出人物的轮廓，对人物进行表现。在这样的作品里，他模仿了古代罗马时期钱币上面所塑造的人像的一些表现手法，这种表现手法实际上持续了很长时间。一直到达·芬奇的出现，他让《蒙娜丽莎》向观众转过来四分之三个侧面，在这样的情况下，观众和画面中的人物就有了目光上的交流，同时艺术家也更易于去表现人物的性格特点以及人物的相貌特征，与乌切洛时期所流行的全侧面肖像相比，这在人性刻画方面更前进了一步。当然这并不意味着乌切洛的全侧面肖像画不好，它还是非常精彩的一件作品，表现了人物的优雅和端庄的气质。

另外这里还收藏了老勃鲁盖尔的《收获》，这样的作品描绘了北欧农村的一种生活，带有很强的地域特征和文化特征，我们认为这也是北欧文艺复兴时期艺术的一个典范。

埃尔·格列柯是样式主义时期非常重要的画家，他可以说是文艺复兴晚期的一个代表人物。其名“Greco”的意思是“希腊人”，格列柯在意大利学画，后来到了西班牙进行他的艺术创作。

他有一件很重要的作品，叫作《托莱多的风景》，托莱多是一个离马德里不远的小城，它四周环水，位于一座小岛之上。这里有重要的基督教教堂建筑，而当时的埃尔·格列柯就在这样一个城市里面生活、创作。托莱多的风景，其实画得非常优美，在绿树的环抱中，可以看到托莱多的主要建筑，在阴霾的天空下，显得非常的神圣，同时也带有很强的神秘色彩。

之所以说格列柯是一种样式主义风格的艺术家，是因为我们可以看得出来，他将人物造型拉长了，比正常的人体更长。但是他的作品也有很强的个人风格，比如人物情绪、人物情感的表达，所以体现了很高的技术水平，他也是西班牙画家里面非常杰出的代表，他的《打开第五封印》也收藏在此。

（二）17世纪的欧洲美术

大都会艺术博物馆还收藏有大量的17世纪欧洲美术作品。比如说卡拉瓦乔的《乐师》，卡拉瓦乔是17世纪意大利非常杰出的艺术家。西方美术史一般将17世纪称为巴洛克时期。在卡拉瓦乔的作品里，我们可以看出他对强烈的光影、明暗、带有戏剧性的冲突的表现，符合当时17世纪巴洛克艺术的一些特点，但是我们看到的这些实际上属于卡拉瓦乔比较早期的作品。

画中的几个年轻人，面容姣好，脸庞也非常的圆润，带有一些女性化的特征，这跟卡拉瓦乔早期的绘画创作有着非常密切的关系。卡拉瓦乔是一个性格暴躁的人，他经常跟自己的同行、朋友发生冲突，以至于最后他流离失所。但他最优秀的一些作品，恰好是在他逃亡途中创作出来的，带有一种更强的宗教情感和现实主义态度，所以我们将这样的作品称为卡拉瓦乔难得的早期作品。

在雕塑里，还有一件贝尔尼尼的作品《酒神节：被儿童耍戏的牧神》，它实际上表现了一个农牧神的形象，农牧神在意大利神话里被称为法翁，在希腊神话里也被称为萨蒂尔。在这里我们可以看到几个孩子在和法翁嬉闹、玩耍，人物雕刻得非常生动。

他的作品特别强调人物动态的表现，以及人物空间的处理，而且在人物表情处理上面也非常的生动和自然。他的代表作有《大卫》《普鲁托和帕尔塞福涅》。他可以说是当时教皇最喜爱的雕刻家之一。

接下来我们可以看到拉图尔创作于17世纪初的作品。拉图尔是法国的一位非常重要的画家。从他对光影的表现中，我们明显可以看出他受到了卡拉瓦乔的影响。他喜欢表现烛光下的人物，表现这种强烈的反光和强烈的明暗对比。这幅作品表现的是一个老太太在给一名年轻人算命，但实际上她的两个同伴在偷取这个年轻人的钱财。这可能反映了当时市井中的吉卜赛人的勾当，带有很强的风俗画的特点，也非常生动、非常自然。

大都会艺术博物馆里还收藏了很多17世纪杰出艺术家的作品，如委拉斯开兹的《胡安·德·佩雷加肖像》。这是一件很精彩的作品，人物的面孔微微地转向观众，充分地表现了人物的自信。

这里还有伦勃朗的《亚里士多德在荷马像前沉思》，伦勃朗非常注意光线的运用。在这幅画中，人物的大部分背景是隐没在黑暗里的，但是人物主体部分——荷马的雕像和亚里士多德的形象，处于一种非常奇妙的光的笼罩之下。他对后来20世纪的摄影都产生过非常大的影响，当时的摄影师会采用一种叫伦勃朗式用光的方式，来安排人像的拍摄，所以我们可以从这样的作品里面感受到伦勃朗作品的一些魅力和特点。

维米尔是17世纪荷兰的一位非常了不起的画家，大都会艺术博物馆收藏了一件他的《演奏鲁特琴的女人》。实际上维米尔保存下来的作品非常有限，有的人认为也就三十几件而已，所以一个博物馆能够拥有一件维米尔的作品是非常困难的。在这个作品里面，我们可以看得到一个少女在弹奏鲁特琴，她坐在窗前，窗外的光线透射进来，照亮了她的面部和身体。这种光线的处理，让画面具有很强的空间感和透视感。

值得注意的是，维米尔经常在他的作品里表现这样的场景。经一些美术史学家考证，维米尔的很多作品就是在他的小画室里完成的。模特换上不同的服装，然后扮演不同的人物，但都是在同一个窗前，背后挂着这样的地图。

（三）19世纪的欧洲美术

1. 新古典主义

在大都会艺术博物馆里面，还有很多19世纪的欧洲绘画，这里面包含了新古典主义、浪漫主义、现实主义、印象主义，以及后印象主义的作品。

例如法国艺术家大卫创作的《苏格拉底之死》，就是一件非常经典的作品。画面表现的是苏格拉底在喝毒药之前的场景：他在门徒的簇拥之下坐在床上，他的一个学生非常悲伤地把毒药递给苏格拉底。

苏格拉底在饮下毒药之前，还在向大家阐释着关于哲学、真理的一些概念。在这幅新古典主义作品里面，作者在人物的表现上，非常注重把人物安排在一个狭长的前景里，一个类似于舞台空间的环境当中，虽然我们可以看到，在左侧有一个拱形的门洞，透射出了远处送来毒酒的人的形象。但是这个建筑的实墙还是起到了阻断空间的效果，让人物在前景中活动。

新古典主义的绘画更强调对人物的体积、轮廓的表现。在这个作品中，我们看到实际上色彩的运用是非常简单的，作品中并没有那么丰富的色彩，主体只有蓝色、红色、白色等几个基本颜色，但是这些颜色，经过错落有致的安排，让画面显得一点都不单调，甚至非常丰富。

另外画中人物在造型上面延续了古代雕刻的一些特点。我们可以看到苏格拉底的身体非常健壮，完全像一尊古希腊雕像，并没有像老人一样肌肉松弛。作者对于人物情感的表现也是非常的到位，比如拱门边上那个趴在墙上失声痛哭的人。所以从这些细节的表现，我们可以看得出来，新古典主义的艺术家在人性的表达、人物动态的表现等方面都达到了极高的水平。另外画中的光线是从左侧投射下来的，所有的人物都笼罩在一个光源里，这样就为画面增加了很强的空气感和透视效果，使画面有很强的立体感。因此我们认为新古典主义的绘画在表现人物、空间、色彩、光线等方面都有着自己的独到之处。

其实这样的作品，对于中国的当代艺术创作也是有启发的。

2. 浪漫主义和现实主义

戈雅被称为西方的浪漫主义先驱，他的作品反映了当时西班牙的社会冲突，以及西班牙社会的一些面貌和风俗，比如《阳台上的玛哈》，玛哈是西班牙语中少女的意思。画中的阳台上有两位少女，她们在朝阳台外面观望，背后应该是她们的男朋友，两个隐没在阴影里、看上去比较阴险的人物，和前景的这两个充满阳光的、充满青春活力的少女形成了非常鲜明的对比。这幅画非常注重黑色的使用，这种黑色增加了画面的层次，以及画面的深度和厚度。

这种风格其实影响了很多艺术家，比如特别有名的法国艺术家爱德华·马奈，当年就受过戈雅的影响。马奈曾经画过一幅《莫里索》，莫里索坐在阳台上面，然后她的女仆等人站在背后，而整个构图都可以看得出来戈雅对马奈的影响。所以我们可以看出这样一件作品是戈雅非常著名的代表作。

除了戈雅的作品之外，我们还可以看到这里有英国艺术家的作品，如透纳。透纳是英国19世纪初的一个非常重要的艺术家，他在风景画的创作上，达到了极高的水平。早期的透纳在构图上，包括在题材的选择上都深受法国17世纪的古典主义画家洛兰的影响。

但是他在后期的发展过程中慢慢形成了自己的风格，特别是对狂暴的大自然的表现，达到了极高的水平。他的作品有《运奴船》《雨，蒸汽和速度——西部大铁路》等，从他的另一幅作品《大运河》的构图上，我们可以看出，他基本上受到了洛兰的影响：两旁是建筑，中间是开阔的河道，然后有一些船只从这个河道里驶来。这些其实还属于透纳比较早期、比较传统的作品，并不是他成熟时期的。但我们已经可以看出他对光影的处理达到了极高的水平。这幅画也是透纳的代表作品之一。

大家都知道德拉克洛瓦是19世纪法国浪漫主义的杰出代表。他非常有名的一幅作品就是《自由引导人民》，这对每个稍微了解美术史，甚至了解历史的人来讲都不陌生。

大都会艺术博物馆收藏了一件德拉克洛瓦的《基督在暴风雨中熟睡》，表现的是耶稣基督和他的门徒们，在海上行船的时候突然遭遇暴风，他的门徒们惊慌失措，但是耶稣基督非常坦然地在船上熟睡的场景。实际上耶稣基督知道自己拥有能够使海水平静下来的能力，在这里我们可以看到这种蓝绿色的、波涛汹涌的海水，船则位于画面的对角线上，突出了整个画面的不稳定感。另外我们再看看画面中的人物，都有着大幅度的动作，来反衬出耶稣基督用右手支着自己的头在平静地睡觉的场景，我想，这样的作品通过人物的动态以及整个画面构图的安排，突出了一种动与静之间的关系。另外天空中压沉下来的乌云，也突出了整个画面那种躁动和不安的气氛，跟当时耶稣基督的状态形成了非常强烈的反差。我想德拉克洛瓦在这幅作品里非常强调动态以及人物情绪的表达，这是浪漫主义绘画非常具有代表性的一些特点。所以通过这个，我们可以看得出来德拉克洛瓦在处理动态方面的高超能力。

博纳尔是一位非常著名的法国女画家，她的《马市》表现的是一个马匹交易市场。我们可以看到市场中的这些人牵着自己的马匹在进行交易的场面。这些马都画得非常精彩，例如右侧的两匹白色骏马，肌肉画得非常结实，包括左侧的这些牵着马的人物的动作也画得非常生动。博纳尔是一位非常勤奋的女画家，她终身未婚，一直保持着自己对艺术的纯粹追求。可能正是因为她的这种执着，她最终在现实主义流派里取得了很高的地位，也带来了很大的影响。尽管国内对她的介绍不是很多，但她在美术史上的地位是毋庸置疑的。我们可以看出，她对光影、风景和空间的表现，都有着很高的水平。

3. 印象主义

印象主义里有一件非常有趣的作品，就是马奈的《死去的基督与天使》。

我们知道马奈是一个跟印象派有着非常密切关系的艺术家，尽管他从来没有参加过一次印象派的展览。但是他跟印象派画家之间却保持着非常密切的关系，马奈关于绘画的很多观点、看法，其实也影响到了很多印象派画家。另外我们知道马奈跟左拉这样的文学家也有着很好的交往，他们在艺术观念方面很多地方是契合的。

通常我们看到的马奈作品大多表现现实题材。比如说他画的酒吧里的侍女，以及他的亲戚和朋友。

尽管不多见，但是他也有一些关于宗教题材的作品。这里的《死去的基督与天使》就是其中之一，我们看到的是耶稣基督面朝着观众坐在一张椅榻上面，后面有两位天使，一位支撑着耶稣基督的身体，另外一位支着自己的头颅，在悲哀地沉思。这件作品一方面表现出了马奈对于人体的造型结构的非常纯熟的技艺；另一方面，也从另外一个角度去反映了他对宗教题材的一种理解，我想这个时期的艺术家们在创作的过程中，既受到传统的影响，同时也在尝试着变革。

马奈的这幅作品实际上运用了一个传统的主题，但在创作的过程中，他对人体的表现和特殊的视角，确实在过去的表现耶稣基督的作品中很少见到。

德加也是一位非常著名的印象派画家。他跟马奈有着非常密切的交往，但他是一个传统的印象派画家。德加的很多作品画的是芭蕾舞女，比如他的《舞蹈课》，表现的是这些年轻的芭蕾舞女在一个老师的指导之下进行练习的场面。芭蕾舞女实际上在德加的作品里占有很高的比重。他把这些舞女艰辛地排练、演出的过程表现得非常生动,也表现得非常富有活力,特别是他关于芭蕾舞女的肢体语言和动态的表现。没有长时间的观察是很难达到这样的水平的。

德加是安格尔的崇拜者,安格尔建议他要多画线条,多用线条来造型。德加完全遵循了安格尔的这些教导。

在他的很多作品,包括他的素描里,我们都能看出,他对线条的运用达到了很高的水平,所以正因为他能准确地用线条把握形体,他才能生动地表现舞女,表现芭蕾舞的动态和姿势。我想没有仔细的观察、出色的捕捉能力、高超的技艺,是很难达到这样的水平的。

雷诺阿也是印象派中非常重要的一位画家。他经常在作品中表现光影的效果,也经常表现家庭生活。比如在《夏彭黛尔夫人和她的孩子》里,夫人带着她的两个小女儿,其中一个小女儿坐在一条大狗身上,这是一个非常温馨的家庭场面。可以看得出来,他有着一些印象派的特点,尤其是在对色彩的运用方面。

这幅巴斯蒂昂·勒帕热的作品是《圣女贞德》,圣女贞德是法国历史上非常重要的一个女英雄。当年在英法百年战争期间,贞德曾经起过非常重要的作用,但她最后的命运非常悲惨和不幸。在这幅作品中,我们首先看到的是贞德在一个花园里的场景,表现出她实际上是一个出身非常普通的农家少女,呈现了她在成为一位希望拯救法国的女英雄之前的状态。这幅作品其实画得也很生动。

莫奈无疑是印象派最有代表性的画家。在莫奈的作品里,印象派画家对色彩的专注、对色彩感觉的追求,达到了极致。在他画的

《干草垛》以及《鲁昂大教堂》中，我们可以从不同时间不同光线下的一些特征上看得出来他对色彩的执着。大都会艺术博物馆收藏有莫奈的《四棵树》以及《议会大厦》两幅作品。

在《四棵树》中，我们可以看出，前景中的四棵树非常均匀地排列着，这种构图通常情况下会让人感觉到画面比较单调。但是在他的作品里面，正如我们所见，他非常巧妙地利用了背后衬托远景的树木的颜色来打破这种单调的格局。然后再通过前景，也即水渠上面的这些草木，将画面分割成上下两部分，让画面富有韵律和节奏。在色彩上面，背景中树木的暖色，和前景树木中的冷色，形成了很强烈的对比，让这个色彩运用并不多的画面看起来显得颜色非常丰富，非常的逼真和自然。

《议会大厦》这件作品也是一样，他画的是一座处于余晖中的议会大厦。远景中的议会隐没在一种烟霭之中。我们也可以看得到远处的天空中的彩虹。另外，画中的议会大厦是逆光的。在背景中，他首先整体上运用了冷色，然后中间穿插了一些暖色的对比，让整个画面显得非常有层次感，特别是在远景的处理上，是剪影，但又不是薄薄的一片，也没有空间和体积的感觉，而且有一种空气的通透感。所以可以看得出来，莫奈在这种色彩的运用上，达到了极高的水平。

4. 后印象主义

除了刚才我们看到的这些印象派画家的作品之外，大都会艺术博物馆还收藏着大量的后印象派画家的作品，后印象派的代表人物有我们大家都耳熟能详的凡·高、高更、塞尚，其实还包括了乔治·修拉，他是新印象派的代表。

在这里我们首先看到的是后印象派代表凡·高的一些作品，如《戴草帽的自画像》，这幅画作于1887年，属于凡·高个人风格走向成熟的时期，所以这时候的他在作品里已经完全地去掉黑色了，所有的画面都是用色彩来完成的，包括阴影部分。他也会用偏暖的颜色来画那种带有透明感的阴影，例如我们可以看到这幅画中的帽檐下面，脑门上的那一缕光线，就让阴影部分非常的透明、有质感。此外，他也提亮了整个画面的背景，用一种长长的笔触点出纯色，然后营造出一种非常明亮、非常和谐的整体色彩。

凡·高的色彩感觉非常好，我们可以通过一些作品看出这一点。当然这更需要我们去欣赏原作，只有在进入博物馆面对原作的时候，我们才能真正感受到这里面的色彩之美、笔触之美、画面构图之美。无论今天的电脑技术如何发达，在博物馆中对原作的观摩，都是永远无法被取代的，所以大家还是应该多走进博物馆，去欣赏这些艺术家的原作。

凡·高之所以被称为后印象派艺术家，是因为凡·高受印象派的影响，提亮了自己的调色板，喜欢用纯色来进行创作。但是更重要的一点是，凡·高认为，印象派过多地关注于外在世界的表现，却比较客观冷静地追求对色彩的处理，这一点令他不太满意。凡·高认为作品应该更多地传达艺术家个人的情感和情绪。正因如此，在他的作品里，我们能够感受到艺术家非常强烈的情感表达。

在他的另外一幅作品《柏树》中，他笔下的树木、树叶像火焰一样升腾。这样的效果，包括天空中那种卷曲的笔触的运用，都不是一般艺术家所能够表达出来的，而这跟他非常强烈的情感表达有着十分密切的关系。

所以作为一名后印象派画家，他在色彩方面，在主观情趣的表达方面，是最能代表后印象派的。而且凡·高的作品从某种意义上讲，影响到了后来的很多表现主义画家，特别是他们的情感表达方面。

另外一名著名的后印象派艺术家就是塞尚，大家知道很多西方美术史著作都把塞尚称为西方现代绘画之父，给他以极高的评价。他之所以获得这样的评价，就在于他在创作时不会满足于对客观对象进行忠实的描摹。在作品里面，他总是有意识地、非常主观地去安排对象、改变对象。

例如在《塞尚夫人》这样一幅作品里，如果我们以正常视角来看，背后墙壁上的那条黑线就不应该是画中那样一个倾斜的角度，实际上这样的角度使画面具有一种不安定感，人物似乎向画面的右方倾斜。但是塞尚更关注的，并不是表现一个人的状态，而是通过人来表现画面的整体结构，以及整个画面的一种构成关系。

塞尚当年也曾参加过第一届的印象派展览。塞尚的作品主要是通过对画面中这些客观对象进行非常主观的安排，来达成他对画面的体积感、造型、空间、结构的表现。印象派因为对色彩的追求而忽略了体积，他对这样一种做法十分不满，所以他曾经说过，他要像普桑那样，创作出一种非常坚实的作品。

在他的作品里面我们可以看出他对结构的重视。在色彩方面，红色和背景的蓝色也形成了很大的反差。

《玩纸牌的人》也是他的代表性作品，这幅作品展现了几个人物打牌的状态，在构图和人物形体安排上，塞尚其实并没有完全地忠实于客观对象，他还是有自己的造型想法和布局思维的，因此画面人物处在一个非常有机的状态。

高更也是后印象派的一个很重要的代表。他也参加过印象派的展览，而且他对印象派也提出了自己的反对意见，比如说他认为印象派过于关注和表现的是我们眼睛都可以看到的外在世界，但实际上艺术家还可以表现另外一个世界，艺术家想象中的那个世界，那就是梦境。

所以他的很多作品表现的不是和现实空间有关的内容，比如说他非常经典的一幅作品《我们从哪里来？我们是谁？我们到哪里去？》，这幅作品并不是对现实空间的表现，而是艺术家对人生的一种追问和思考。

《午休》是1894年高更在南太平洋塔希提岛上完成的一幅作品，这幅作品表现了当地的一些女性形象。我们可以从这幅作品中发现，高更在色彩的运用上是比较主观的。而且在画面的背景上，高更采用平涂手法来处理色彩，这个表达方式跟同时代发展出来的综合主义的绘画风格是有关系的，综合主义同样强调了艺术家的主观感受、客观对象，以及画面中色彩和线条所构成的形式这三者之间的综合效果。

所以在这幅作品中，我们可以看得出来，坐在地板上并背对着观看者的女子以蓝色调为主，并且她用右手撑着地面的姿态被高更塑造得非常优美。另外，她前面有一个穿着红衣裙的女子趴在地面上。然后，远景中有两个人物，一个背朝观看者，另一个正面对着观看者。这样的人物组合让画面显得非常清新、轻松、生动。除此之外，高更对色彩的运用也非常的自然和成熟。

四、现当代艺术

（一）立体主义

在大都会艺术博物馆的绘画展厅中，有近6 000平方米的空间被用来展示西方的现当代艺术，其中重要的收藏有毕加索的《格特鲁德·斯泰因的肖像》，贾斯珀·约翰斯的《白色旗帜》，杰克逊·波洛克的《秋日的韵律，第30号》，还有马克思·贝克曼早期的三联画，以及大批的保罗·克利的作品。由于大都会历经了特殊的发展年代，许多曾经的当代作品都被并入了博物馆的其他收藏里，特别是欧洲绘画和美洲绘画的部分。

刚才我们所提到的毕加索的《格特鲁德·斯泰因的肖像》，这幅作品创作于1906年，这个时候毕加索还没有发展出他的立体主义风格。格特鲁德·斯泰因是美国一个非常著名的女文学家，她跟她的哥哥在很早的时候就开始赞助艺术。对于像毕加索这样的艺术家，斯泰因兄妹所提供的赞助具有很重要的支持和推动作用。毕加索画的格特鲁德·斯泰因带有男性化特点，人物形象棱角分明，因此在画面中表达了很明显的人物性格。

当时有人对这幅作品提出了异议，他们认为画面中的人物形象和格特鲁德·斯泰因本人并不相像。这幅作品也反映出，伴随着西方现代主义发展，就算面对以肖像画为主体的作品，形象的相似也已经不再是毕加索追求的主要目的了。

随后到了1907年，毕加索慢慢发展出了最成熟的立体主义风格。而《格特鲁德·斯泰因的肖像》，应该属于他的玫瑰红时期的代表作。另外，在1904年到1905年间，他创作了作品《演员》，画面内容主要是马戏团的小丑和演员们。这幅作品也属于玫瑰红时期，这也是他在成熟的立体主义风格形成之前所经历的一个阶段。通过这些前期作品，我们能够发现毕加索对人体的动态的表现达到了极高的水平，也就是说毕加索在现实主义的基础之上，慢慢形成了自己的风格。

接下来的是毕加索和布拉克在立体主义时期创作的两幅作品。一般认为，立体主义是从1907年开始的，也就是说，毕加索的《亚威农少女》是立体主义的开端。《亚威农少女》这幅作品现在收藏在纽约现代艺术博物馆，通过这幅作品我们可以观察到比较成熟的毕加索立体主义时期的风格，立体主义来自一个批评家给他们风格起的绰号，批评家认为他们的作品都像用一个个小立方块来完成的。

后来大家也确实认可了这些作品中几何形体的重要性：艺术家们需要通过把人物、景物切割成一个个立方体、圆柱体或者球体，然后再进行创作和重新组合。

一般认为立体主义经历过两个阶段：1907年到1911年，然后是1912年到1914年。前一个阶段被称为分析的立体主义，在分析的立体主义阶段，毕加索和布拉克都非常关注对形体的表现，特别是把物体打散，然后再进行重新组合。

比如毕加索的《油墨坊》以及布拉克的《静物》，在这个时期，相对而言，色彩不是他们关注的主体。所以他们这个时期的作品，在色彩的运用方面相对比较单调，例如主体的褐色用得比较多，所以也造成了人们在区分这两个人这个时期的作品时，会感到有些困难：因为他们彼此画的题材相近，表现的手法相近，用的色彩也相近。但是这永远也不会难倒专门研究毕加索的专家，他们永远都分得清这两个人的作品、个人性格特征，以及他们个人的风貌。

（二）表现主义

在大都会艺术博物馆里面，现当代部分还收藏有康定斯基的作品——“即兴”系列。康定斯基是德国表现主义的代表人物，他是俄罗斯人，但是在他三十几岁的时候，到了慕尼黑美术学院学习绘画，他慢慢地成了学生中的领袖人物。后来在慕尼黑分离派之下，他又成立了一个社团。康定斯基喜欢骑士，又喜欢蓝颜色，因此他跟另外一个喜欢马的名叫马尔克的艺术家一拍即合，于是他们组成了名叫“蓝骑士派”的年轻艺术家社团。这个社团，实际上追求的是一种对绘画形式语言的探索。

在这个派别形成之后，大约在1910年，康定斯基创作出了最早期的抽象绘画作品。一般认为，康定斯基在1910年创作的抽象绘画是抽象绘画的开端。此后，他就开始以“即兴”为题，创作了很多不再反映客观物象的作品。实际上，他为后来的西方的抽象绘画发展奠定了基础，铺平了道路，也拓展了艺术表达的空间，对于后来的艺术发展起到了非常重要的作用。而康定斯基很多关于艺术的观点，在他的著作《论艺术经典精神》里面得到了很好的体现。

在第一次世界大战和第二次世界大战之间，很多在巴黎生活的艺术家没有加入任何一个派别，他们在相对独立的状态下以个人身份进行艺术创作。当然，他们会受到立体主义的影响，也会受到其他流派的影响，但是总体而言，他们处在相对独立的状态。这些艺术家后来被称为巴黎画派（The School of Paris），这是因为这些艺术家都在巴黎生活，在巴黎创作，并且他们没有加入任何一个派别，所以大家姑且这样去称呼他们。

其中很重要的一个代表人物，就是意大利艺术家莫迪利亚尼。莫迪利亚尼最初在意大利学画，后来年少的他为了追求自己的梦想，来到了法国巴黎，开始从事艺术创作。在这里从事艺术创作的时候，他很快陷入穷困潦倒的境地，因此他靠给人画肖像为生，有的时候为了一杯苦艾酒他也愿意给人画一幅肖像。

但是他在创作肖像的时候，慢慢形成了自己的艺术风格，他早期跟布朗库西学习雕塑，但因为自己的肺不好，后来只好放弃了雕塑创作而转向绘画。但是布朗库西的艺术工作方式——把人物加以概括、浓缩、提炼——在莫迪利亚尼的绘画里面也得到了体现，所以莫迪利亚尼在人物的形体塑造上是高度抽象的。

他没有强调那么多细节的转折，却能够把握住人物的形态和动态，例如在作品《珍妮·赫布特尼》中，一个女孩儿托着自己的腮，并陷入沉思的状态，被处理得非常优美，色调也非常的和谐。

另一个代表人物就是马蒂斯，马蒂斯是西方现代艺术中非常重要的人物，他是野兽派的代表。

通过他的作品《水手二号》，我们可以发觉马蒂斯的用笔非常松动，他粗粗勾勒出人物的轮廓线，然后再把人物的形体安排好，因此整个画面处在一个非常放松的状态下，人物的色彩也非常和谐。用笔方式跟他对绘画的追求也是有关的。他认为绘画就是一剂镇静剂、一把安乐椅，人们面对这样一件作品的时候，不需要过多的思考，看到这样的作品能够让我们的眼睛感到愉悦就可以了。

在当时的法国，特别是在20世纪初，还有一个非常重要的画家叫卢梭。有人把他归为稚拙派画家。当然，他也是一个"星期天画家"，也就是业余画家，他的本职工作是海关职员。他没有接受过系统的学院派训练，但是他的作品却表现出非凡的色彩敏感度，作品中的色彩非常和谐，混然一体。

卢梭的作品对当时的毕加索以及很多欧洲的前沿艺术家，都产生了很深刻的影响。在作品《用餐的狮子》中，一头狮子在丛林中吞食自己的猎物。实际上卢梭并没有去过热带的丛林，而且我们知道狮子是在草原上生活，并不在丛林里面。而在他的创作里面，他把热带的丛林和沙漠中的狮子结合在一起，尽管这可能在实际生活中不一定准确，但他给我们构造了一个非常完美的画面。

他非常主观地、靠想象来完成的作品，对后来的超现实主义也产生了很大的影响。

巴尔蒂斯是一位非常重要的瑞士画家，他在作品里表现了一些年轻人在青春期的躁动，这些作品在让大家感到非常震撼的同时，也能够引起大家的沉思。

（三）抽象表现主义

克里福特·斯蒂尔是美国抽象表现主义的代表人物之一，在20世纪中叶之前，美国绘画在西方美术史上并没有太高地位，尽管美国也出现了一些优秀的艺术家，比如像伊肯斯、温斯洛·霍默等，但是跟整个欧洲的艺术家相比，美国绘画更像一个欧洲的地方画派，他们的艺术水平都很难达到欧洲艺术的高度。

在"二战"之后，美国兴起了一个非常重要的画派，那就是抽象表现主义。抽象表现主义，实际上可以说是美国第一个有国际影响力的本土画派，同时抽象表现主义的崛起，也标志着西方艺术世界的中心从巴黎转移到了纽约。抽象表现主义绘画实际上一直存在着两种不同的风格，一种被称为行动绘画（action painting），这些绘画更强调艺术家的手势动态，以及他的笔触在创作的时候所形成的痕迹和所造成的绘画效果。另一种叫作大色域绘画（color-field painting），或者叫场域绘画，这种用大面积的色彩涂满整个画面所构成的效果，是抽象表现主义的非常重要的独创。

而克里福特·斯蒂尔就是大色域绘画的代表人物之一。实际上在1947年他就开始了对大色域绘画的探索。在他的笔下，整个作品画面可能都以一个色调为主，比如说作品《1947—1948W Ⅱ号》，它是以黑色调为主体的，但是会点缀着一些其他的色彩，让作品画面形成非常丰富的视觉空间，同时也构成了一定的空间深度，这是抽象表现主义里面非常有代表性的一个作品。

德·库宁属于行动绘画的代表。他是来自荷兰的一个画家，当年他来到美国闯荡的时候，并没有想在美国从事绘画艺术创作。因为在他的眼里，美国实际上是一片艺术荒漠，并不是一个适合进行艺术创作的地方。

但当到了美国以后，他发现美国拥有非常宽松的艺术创作环境，特别是在1929年经济危机爆发以后，在罗斯福新政下，美国出现了联邦艺术计划，他们开始支持年轻艺术家进行艺术创作，无论艺术家有着什么样的艺术风格。正是这样的联邦艺术计划让这些本来已经失业，或者在生活上非常艰难的年轻人获得了继续从事艺术创作的机会。所以德·库宁说："如果没有这个计划，我可能早就改行了。"联邦艺术计划为后来的抽象主义诞生奠定了基础，这是国家支持艺术的成功范例。所以战后美国艺术崛起跟联邦艺术计划有着非常密切的关系，虽然联邦艺术计划也有它的局限性，不过从历史角度看，它还是有它的积极意义的。

在大色域绘画里面还有一个非常重要的人物，就是巴尼特·纽曼，纽曼实际上是抽象派表现主义里面非常具有理论思维能力的艺术家，他写了不少文字来阐述自己关于抽象绘画的一些观点。他的绘画最典型的特征就是在大型的画布上面安排一个色彩的细条，他称之为"zip"，这也就是他的作品中最典型的画面构成要素。作品《闪亮的光》是以白色做底，和两条垂直的蓝色条纹构成的画面，这种极简画面其实为后来的极少主义艺术奠定了基础。

在抽象表现主义之后，其实很多艺术家都在进一步地探索绘画语言的纯粹性和可能性。当时有一个非常重要的批评家叫格林伯格，他认为绘画应该更加纯粹，应该摒弃文学性，这一点抽象表现主义已经做到了。面对"摒弃艺术家的笔触和个性，希望绘画完全是一种自然的状态"的进一步的绘画语言的要求，在抽象表现主义之后所形成的后绘画性抽象、硬边抽象等对此也有了进一步的阐释。

凯利就是硬边抽象的代表之一，作品《蓝、绿、红》的标题也说明了作品由三个色块组成：绿色的、蓝色的、红色的。而在这样的一件作品里面，其实我们也很难追问作品的意义何在，他要讲什么内容，因为这幅作品更多的是对视觉的刺激，对我们的视觉上的影响和感受。

当然这种绘画发展到极致的时候，必然会引起艺术家的回潮和反弹，这也就是后来导致波普艺术兴起的一个很重要的原因。

五、美国美术

大都会艺术博物馆收藏的美国美术作品在2012年拥有了一个全新的展示空间，也即美国翼。在这里，观众可以按照历史顺序，浏览从18世纪到20世纪初美国的主要艺术作品，包括绘画、雕塑、摄影等。

这其中也不乏著名的作品，比如19世纪美国哈德孙河画派代表人物托马斯·科尔的作品——《牛轭湖》。牛轭实际上是牛在耕田时套在脖子上的一块棕色垫子，用以负担缰绳，避免磨伤身体。这幅风景画为何会与牛轭产生联系？我们细看便会发现，画中的河流有一处很大的转角，而它的形象与牛轭十分相似，这正是这幅画名称的由来。

通过这件作品可以发现，在今天的美国美术史研究领域，哈德孙河画派受到了越来越多的重视。过去，人们对这一画派的评价并不太高，但如今人们认为，这些美国艺术史家一直在哈德孙河两岸来表现美国本土的风光和景色，在美国本土文化形成的过程中起到了重要的作用，因此他们也获得了越来越高的评价。其实在《牛轭湖》这幅画里，艺术家把自己也巧妙地画了进去。在画中山坡右下角插着一把阳伞，再细看去，便可以发现艺术家个人的形象。他将自己融进画面里。我们可以从画中看出，他对远处辽阔的平原、空中舒卷的云彩等风景的细致展现，以及他在观察、表现自然方面的较高水平。因而哈德孙河画派在美术史，尤其是在美国美术史上，拥有它的一席之地。

另有一位名叫宾汉姆的艺术家，也常表现美国本土的风景。他尤其关注的是沿密苏里河而下的皮毛商人。在密苏里河上有一些商人从事皮毛生意，他们会把猎取到的动物毛皮贩运到别的地方，不久前还有美国电影专门关注这个群体。

罗伊茨的这幅《华盛顿横渡特拉华河》实际创作于欧洲1848年革命之后，严格来说，这幅作品并不是为了专门记录美国历史而创作的。德裔艺术家罗伊茨生于美国，当时正在德国生活的他想创作一件作品警示当时的欧洲人，于是选取了这一题材，展现当年美国是如何获得独立战争胜利的，以鞭策、鼓励欧洲人。这幅画现在已经成了表现美国本土文化非常重要的一件作品，它表现的其实是独立战争中的一次关键战役：此前，华盛顿率领的大陆军一直处于败退状态，但是在1776年圣诞节前夜，华盛顿带领士兵跨越特拉华河给予英军致命打击，就此扭转战局，最终获得独立战争的胜利。当然，有许多历史学家指出这幅画中有很多历史性错误，比如当时的船只并不如画中那般，陪在华盛顿身边的那些将军也与历史不符等。但这幅画的原意并不是要忠实还原一个历史时刻，而是要表现在这样一个特定的历史情境下，华盛顿是如何带领美国人走向胜利的。这样的一幅历史画，至今仍带给人们许多启发。

什么是历史画？历史画是否等于真实历史的复现？其实历史画只是用艺术的手段去表现历史，而不是对历史的整体面貌进行毫无瑕疵的完整表现。所以这件作品在美国的美术史上依旧占有重要地位。这幅画的尺寸非常巨大，画上的人物都接近真人大小。

曾有人说,19世纪的美国绘画里并没有产生出印象派这一派别,也没有产生出可以和莫奈、雷诺阿等人比肩的印象派艺术家。但是实际上在19世纪下半叶,美国还是出现了几个非常有代表性的人物的,比如温斯洛·霍默、托马斯·伊肯斯,还有赖德等,他们代表了美国艺术的一种高度。

例如霍默的代表作《湾流》,表现的是一位黑人青年捕鱼的场景,天空中乌云密布、暴风将至、海浪汹涌,在这种情况下,一位黑人青年驾着小船在风浪中行进。仔细观察,可以发现他周边的海面上露出了鲨鱼的背鳍——这是一个人与自然对抗的艰险场面。在这件作品里,霍默想要表现人与自然之间的抗争,充分体现了他对人性的关注。特别是在他所处的时期,他表现出了南方黑人在生活中奋争时充满平等、人性关怀的态度,毫无蔑视,在当时的美国美术史上体现出了积极的意义。他对海面上狂暴气氛的表现,突出了人在自然界中的渺小,也反映出了与大自然抗争时人性的伟大,使得这幅画成为一幅美术杰作。

萨金特也是19世纪下半叶非常重要的一位美国画家。萨金特主要生活在欧洲,他还曾参加过巴黎的沙龙,且大获成功,他的许多作品都受到了世人喜爱。

萨金特的这件作品名为《X夫人》,实际上是为当时的一位美国贵妇所作的肖像,但这幅肖像在最初遭到了拒绝。事实上,这是一幅非常优秀的作品。艺术家表现出了画中人物的高雅姿态;在人物肤色和人体结构上,比如那只拄着桌子的手臂微微向画面中央倾斜的透视角度,也处理得十分精妙,体现出了艺术家良好的透视学和解剖学知识。此外,画中人的黑色衣裙在艺术家笔下也展现得十分生动自然，并不是薄薄一片的黑色，而具有体积感。在今天看来，这无疑是萨金特的一件杰作，但可能是这位原型夫人眼光不够，拒绝了这件作品，因此这幅画只能隐去这位夫人的名字，转用“X夫人”这一名称。这是萨金特的代表作，也是美国翼里很优秀的一件藏品。

在美国美术史上，还有很多受到欧洲现代主义影响的流派和艺术家，比如20世纪20年代出现的精确主义（又名立体主义-现实主义）流派，我们从名字就可以看出来它受到立体主义的影响，但它采用了现实主义的表现方式，来呈现美国的风光景色。

在这一派别中有一位十分出名的画家——德姆斯，他创作了一幅名为《我看到了金色的数字5》的作品，画名中的“5”指的实际上是5路公共汽车。有一次他走在街上时，5路公共汽车从他身边驶过，逐渐远去，车身上的数字5也逐渐远去变小，所以画中呈现的“5”其实是一种运动的状态，表现的是汽车在逐渐向画面中间的远处驶去。这是一幅受立体主义影响、优秀的现代主义绘画作品，也是美国现代主义探索之路上的代表作。

在当时，虽然有许多艺术家开始从事对现代主义的探索，但仍有一些人坚持现实主义的创作手法和功能，爱德华·霍普就是其中重要的一位。霍普的《双灯镇的灯塔》描绘了一座看上去孤寂而静谧的灯塔，表现出的是美国的乡村一景，代表了他对美国本土文化的认同。

六、亚洲艺术

在大都会艺术博物馆里，还有很大一部分亚洲艺术收藏品。在博物馆的亚洲艺术部，藏有超过3.5万件来自中国、日本、韩国以及东南亚等地的艺术品。在博物馆建成初期，大部分捐赠藏品都来自亚洲。在今天的博物馆，有一整个侧翼都被用来展示亚洲艺术品，展品贯穿了亚洲四千多年的文明史。亚洲艺术部还依照苏州的网师园和殿春簃仿建了一处名为阿斯特的庭院，又称“明轩”庭园，凸显出了中国艺术在大都会艺术博物馆收藏中所占的比重。

《照夜白》是其中一件极为重要的藏品，据称是唐代画家韩干所作。这幅画是中国画里的精品，可惜流失海外。“照夜白”实际上是一匹白马的名字，如果纯粹按照马的生理结构来看，这匹马的躯干和腿部似乎都过短，但这实际上恰是中国绘画里追求似与不似的一种美学境界。虽然它可能不符合真马的比例结构，但马身上那种生龙活虎的状态和生气勃勃的跃动感却被表现得非常生动，可以说是代表了中国古代绘画最高成就的作品之一。大都会艺术博物馆能将这样一幅作品展示出来，也反映出博物馆对中国文化有着很深的认识和判断。

此外，唐寅的《嫦娥图卷》、明宣德时期的《青花龙缸》等作品，都代表了大都会艺术博物馆对中国艺术收藏的重视。

人们还可以在这里看到《药师经变图》。这是来自河北一间寺庙的壁画，在今日看来令人倍感痛心，因为它实际上是被从墙壁上揭下后贩去美国的。这幅壁画作于元代，极其精美，可惜今天中国人并不能再在自己的国家看到这件作品了。

大都会艺术博物馆还藏有许多日本绘画，比如葛饰北斋创作的经典浮世绘作品。在葛饰北斋的“富岳三十六景”系列中有一幅《神奈川冲浪里》，表现的是渔民们驾着小船在惊涛骇浪中进行作业。这件作品已经成为日本浮世绘的代表作，西方在很多需要表现东方的场合也会借用这样一个文化符号，充分可见这件作品在整个人类文化史上的重要地位。

七、非洲、大洋洲和美洲艺术

大都会艺术博物馆中除了亚洲艺术，还有非洲、大洋洲和美洲艺术藏品。博物馆对非洲、大洋洲制品的收藏开始于1882年，但多年来并没有显著增加，直到1969年收获洛克菲勒家族捐赠的约3 000件文物，大都会艺术博物馆的非洲和大洋洲艺术收藏才丰富起来。今天，大都会艺术博物馆里的藏品超过1.1万件，来自南撒哈拉、非洲、大洋洲、太平洋群岛和美洲等地，它们都展示于博物馆南侧的洛克菲勒翼中。

例如伊奥巴女王像，这是一件象牙面具，16世纪制于尼日利亚。这面来自所罗门群岛的盾牌上也具有特别的纹饰，与西方文明有着很大差别。

大都会艺术博物馆收藏的伊斯兰艺术品并不局限于宗教领域，虽然其中大部分都来自清真寺的装饰，或具有宗教用途。这里共有约12 000件伊斯兰相关藏品，来自西班牙、北非和中亚等广大地区。

其中有一件精美的藏品——蓝色古兰经。此外，来自两河流域美索不达米亚的人首狮身也是重要的代表，制作于公元前9世纪。

八、乐器、古代铠甲和武器的收藏

大都会艺术博物馆的乐器收藏在世界各大博物馆里也算独树一

帜，其中共收藏有5 000多件世界各地的乐器。另外古代铠甲和武器的收藏也是大都会非常引以为傲的一个部分。

通过上面的介绍不难发现，美国大都会艺术博物馆的藏品十分丰富，而且质量也非常高。若是有机会去往大都会艺术博物馆参观，一定能对世界各地艺术的整体面貌都有所了解。

图书在版编目（CIP）数据

博物馆寻美 / 叶朗，顾春芳主编．—南京：译林出版社，2023.5
（大家美育课）
ISBN 978-7-5447-9513-5

Ⅰ.①博…　Ⅱ.①叶…　②顾…　Ⅲ.①博物馆 －介绍 －世界　Ⅳ.①G269.1

中国版本图书馆 CIP 数据核字（2022）第 216029 号

博物馆寻美　　叶　朗　顾春芳／主编

策　　划　北京大学美学与美育研究中心　北京大学艺术学院
责任编辑　张海波
特约编辑　陈秋实
装帧设计　韦　枫
校　　对　陈小敏
责任印制　单　莉

出版发行　译林出版社
地　　址　南京市湖南路 1 号 A 楼
邮　　箱　yilin@yilin.com
网　　址　www.yilin.com
市场热线　025-86633278
排　　版　南京展望文化发展有限公司
印　　刷　江苏凤凰新华印务集团有限公司
开　　本　880 毫米 ×1230 毫米　1/32
印　　张　6.25
插　　页　10
版　　次　2023 年 5 月第 1 版
印　　次　2023 年 5 月第 1 次印刷
书　　号　ISBN 978-7-5447-9513-5
定　　价　59.00 元